は　じ　め　に

　建築構造演習ノートは，高等学校建築科用の教科書「建築構造」（工業714）を用いて科目「建築構造」を学ぶときに活用できる問題集です。本書は，学習内容の配列を教科書と同じにし，それぞれのところで要点をまとめています。授業の進度に合わせ，本書を順を追って学ぶことで，学習のポイントをつかみ内容の理解と定着を深めることができます。

　科目「建築構造」は，建築物の成り立ちやしくみ，および建築物に使われる材料について学ぶことを目的にしています。これらの内容は，建築を学ぶうえで最も基礎的な知識で，科目「建築設計製図」をはじめとした他の建築専門科目の理解にも大きく関わります。このため，科目「建築構造」を深く正確に理解することは，建築を学ぶにはとても重要なことといえます。

　本書を授業の予習や復習に活用して，科目「建築構造」の理解を深めるとともに，すべての建築専門科目の学習にいっそうの興味と自信をもち，実力の向上に努めることを心から願っています。

本書の構成と特色

　科目「建築構造」の内容を効率よくとらえ，理解できるように，本書は次のように構成し，いくつかの特徴をもたせた。

１．教科書の全般にふれているが，内容を精選してコンパクトにまとめた。

２．章・節の展開は，教科書の記載順序と合わせた。

３．問題内容と解答は，教科書の記述からはずれないようにした。ただし，章末問題は資格試験の演習を兼ねるので，発展的な内容も含めた。

４．各節のはじめに，学習のポイントとなる語句を"ここで学びたいことがら"としてまとめた。

５．各項目に対応する演習問題を解くことにより，学習のポイントを把握しながら知識が定着できるようにした。

６．解答に幅がある問題は【語群】を示して，その中から解答を選択できるようにした。

７．章末問題は，建築士試験や施工管理技術検定試験と同じ形式の択一問題として，資格試験の演習ができるようにした。

８．ところどころに"豆知識"を入れ，学習内容に関連する知識を紹介した。

JN126894

■ 目 次 ■

第1章　建築構造のあらまし

ここで学びたいことがら

建築構造の歴史　　建築構造の構成と分類　　建築物に働く力　　法規や規準　　材料の規格

1　建築構造の歴史　次の文章の（　　）内に，語群から適切な語句を選んで記入しなさい。

(1)　わが国では，身の回りに豊富にあった（　①　）を用いた建築構造が（　②　）の影響を受けて発達し，現在でも社寺建築や住宅建築に受け継がれている。

(2)　（　③　）革命により建築材料が工業生産されるようになった。現在でも使用されているおもなものとしては（　④　）・コンクリート・ガラスがある。

(3)　鉄や鋼を用いた構造が現れたのは（　⑤　）世紀の半ばのことである。イギリスで鉄の橋がつくられたのをはじめ，やがて建築物にも用いられるようになった。わが国には（　⑥　）時代にヨーロッパや（　⑦　）からこの構造が伝わった。

(4)　1980年代には，地球温暖化の原因となる（　⑧　）ガスの排出量の削減が求められるようになった。建築関係でも，最小限の資源で建築物をつくることや，建築生産に使う（　⑨　）の最小化，役目を終えた建築物の（　⑩　）化などの対策がとられている。

【語群】　東南アジア　　中国　　生産　　温室効果　　鋼　　コンクリート　　19　　20
エネルギー　　モルタル　　明治　　れんが　　大正　　アメリカ　　再資源
木材　　産業　　フランス

解 答 欄				
①	②	③	④	⑤
⑥	⑦	⑧	⑨	⑩

2　建築構造の分類　下図の(1)～(3)の構造について，その構造名をA欄に，使用する主要な材料名を語群Bから選んでB欄に記入しなさい。

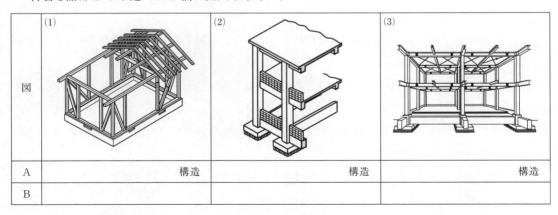

	(1)	(2)	(3)
図			
A	構造	構造	構造
B			

【語群B】　鋼材　　コンクリートと鉄筋　　木材　　れんが　　石材

3 建築物に働く力　次の文章の（　）内に，適切な語句を記入しなさい。

(1) 建築物にはさまざまな力が働く。建築物自体の重さにより作用する（　①　）荷重，人や家具など建築物が完成してから持ち込まれるものの重さにより作用する（　②　）荷重，屋根に積もる雪の重さにより作用する（　③　）荷重がある。これらは建築物に鉛直方向に作用するので，まとめて（　④　）という。

(2) 地震や暴風のときにも建築物には力が働く。地震時には（　⑤　），暴風時には（　⑥　）が働くが，これらをまとめて（　⑦　）という。

(3) 鉛直方向に作用する荷重のうち①と②は，日常的に作用しているのでこれらを合計したものを（　⑧　）荷重という。ただし，積雪が多い地域では③の一部も加える。

　地震や暴風による力，および積雪による荷重は一時的に作用する力なので，⑧にこれらを加えて（　⑨　）荷重という。

(4) 部材に力が作用すると，内部にはそれらに抵抗する力が生じる。部材を両端で引っ張ったときに生じる（　⑩　），両端を圧縮したときに生じる（　⑪　），部材を湾曲させたときに生じる（　⑫　），部材にずれを起こそうとすると生じる（　⑬　）がある。

解　答　欄				
①	②	③	④	⑤
⑥	⑦	⑧	⑨	⑩
⑪	⑫	⑬		

4 関連する法律と規準　次の記述に該当するものを，語群より選んで（　）内に記入しなさい。

(1) 建築材料など広く使用されている鉱工業製品について，形状・寸法・品質・生産法などを規定している。　（　　　　　　　　　　）

(2) 建築物をはじめ，構造物の構造設計の方法について，日本建築学会が作成した技術規準。
（　　　　　　　　　　）

(3) 建築物の敷地や構造，環境衛生，設備および用途などに関する最低限の基準として国が定めている。（　　　　　　　　　　）

(4) 国際的な規格で，(1)と同じような鉱工業製品に関する規格もあるが，品質管理や環境に関する規定もある。　（　　　　　　　　　　）

(5) 建築物の質的向上と工事の合理化をはかるために，標準的な施工方法や技術について日本建築学会が作成した技術規準。　（　　　　　　　　　　）

【語群】　建築基準法　　建築工事標準仕様書　　日本農林規格　　建設業法

構造計算規準*　　日本産業規格　　ISO

（＊構造の種類により構造設計規準と称する）

第2章　木構造

1 構造の特徴と構造形式

ここで学びたいことがら

構造の特徴　　木材　　在来軸組構法　　木造枠組壁構法　　丸太組構法

木質系プレファブ構法　　基礎　　土台　　柱　　桁　　小屋組

1 構造の特徴　次の記述で，正しいものには○，誤っているものには×を〔　　〕の中に記入しなさい。

〔　　〕(1)　木材は加工性にすぐれ，組み立てやすい。

〔　　〕(2)　接合部は，金物による補強が必要である。

〔　　〕(3)　木構造は建築物が重くなりやすいので，大規模な基礎を用いる。

〔　　〕(4)　木材は，湿気による腐れや虫害を受けにくい。

〔　　〕(5)　延焼を受けやすい箇所は，燃えにくい材料で保護する必要がある。

〔　　〕(6)　木材は，軽いわりに強度は高く，柔軟性がある。

2 構造形式　次は木構造の構造形式を示した図である。名称の欄に構造形式の名称の記号，特徴の欄に構造を説明した文章から適切な番号を選び記入しなさい。

(1)　　　　　(2)　　　　　(3)　　　　　(4)　　　　　(5)

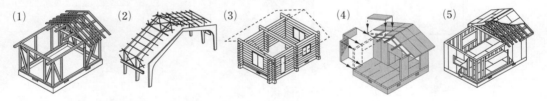

図	(1)	(2)	(3)	(4)	(5)
名称					
特徴					

【名称】　A：丸太組構法　　B：木造枠組壁構法　　C：在来軸組構法

　　　　　D：集成材構法　　E：木質系プレファブ構法

【特徴】　1　枠組にボードを打ち付けたパネル状の壁や床を箱状に組み立てる。

　　　　　2　柱や梁などの木材を組み合せてつくる。

　　　　　3　規格化された部材を工場で生産し，現場で組み立てる。

　　　　　4　木材を井桁状に組み合せて壁をつくる。

　　　　　5　木材を張り合わせて大きな断面の材料にし，それらを組み合せてつくる。

2　木材

━ここで学びたいことがら━

針葉樹	広葉樹	心材	辺材	木材の組織	年輪	木取り	含水率
繊維飽和点	木材の変形	強度	燃焼	腐朽	合板	集成材	繊維板

1　特徴　次の記述で，正しいものには○，誤っているものには×を〔　〕の中に記入しなさい。

〔　　〕(1)　木材には針葉樹と広葉樹があり，外観では葉の形状で見分けられる。

〔　　〕(2)　針葉樹は硬く加工しにくい。

〔　　〕(3)　柱・土台などの構造材には，針葉樹が用いられる。

〔　　〕(4)　広葉樹は一般に硬くて強度が高く，木肌に美しい模様をもつものが多い。

〔　　〕(5)　間伐により発生した木材を活用することは森林にとって悪影響がある。

2　木材の組織　次は針葉樹の断面を表した図である。各部の名称と，それぞれに該当する説明であるア～キの記号を解答欄に記入しなさい。

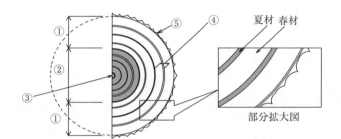

部分拡大図

解　答　欄		
名　　称		説明
①		
②		
③		
④		
⑤		

【説明】　ア　一年分ごとの成長を示す同心円状の模様。

　　　　イ　樹皮に近い淡い色調の部分で，白太材ともいう。

　　　　ウ　色調の濃い部分で赤身材ともいい，樹脂が多く削ると光沢がでる。

　　　　エ　最外部にあり師部・外樹皮から構成され，この内側に形成層がある。

　　　　オ　樹心ともいい，この木が若いとき芽であった部分。

3　製材　板材の部位を示した①～④に適した用語を語群より選び解答欄に記入しなさい。

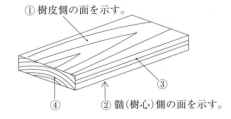

① 樹皮側の面を示す。

② 髄(樹心)側の面を示す。

【語群】

木表

木端*

木口

木裏

(＊そばともいう)

解　答　欄	
①	
②	
③	
④	

4 木材の強度と乾燥による変形 次の文章の（　）内に，下の語群より適切な語句や数値を選んで記入しなさい。

(1) 木材を通常の大気中において，乾燥した状態のときの含水率を（　①　）含水率といい，わが国では（　②　）％程度である。

(2) 含水率が約（　③　）％の状態を繊維飽和点というが，これ以下では含水率が（　④　）いほど強度は高くなる。

(3) 同じ木材で繊維方向に平行な圧縮強度を1とすると，引張強度は約（　⑤　）倍になる。

(4) 構造材として実際に使用するときには，節などの欠点を考慮した（　⑥　）強度が決められているので，これをもとに各種の強度を求める。

(5) 木材の乾燥収縮は（　⑦　）方向が最も大きく，（　⑧　）方向が最も小さい。

(6) 含水率が（　⑨　）％を下回ると，含水率に比例して収縮が生じる。

(7) 乾燥により，板材は（　⑩　）側に凹に反る。

【語群】　2　　3　　15　　30　　高　　低　　木表　　木裏　　基準　　繊維　　気乾　　絶乾
　　　　　接線　（同じ語を複数回使ってもよい）

解　答　欄				
①	②	③	④	⑤
⑥	⑦	⑧	⑨	⑩

5 燃焼と腐朽 次の記述で，正しいものには○，誤っているものには×を〔　〕内に記入しなさい。

〔　　〕(1) 燃焼によりできる炭化層は，熱が内部へ伝達するのを遅くする。

〔　　〕(2) 通常の火災では，30分で5cm程度の厚さの炭化層が形成される。

〔　　〕(3) 腐朽菌が繁殖する要素は水分・適温・酸素・養分で，このうち二つ以上の要素がそろうと繁殖する。

〔　　〕(4) 針葉樹では褐色腐朽，広葉樹では白色腐朽が発生しやすい。

6 木質材料 次の記述に該当する木質材料の名称を，材料名より選んで右欄に記入しなさい。

① 薄い単板を奇数枚，繊維方向を交互に直交させて接着剤で張り合わせたもの	
② ひき板や小角材を，繊維方向をそろえて接着したもの	
③ 木材の小片に接着剤を混合して加熱・圧縮成形した板状のもの	
④ 木材やわら，麻などを繊維状にし，加熱・圧縮成形した板状のもの	
⑤ 単板の繊維方向をそろえて接着して比較的大きな断面にしたもの	

【材料名】　単板積層材　　繊維板　　パーティクルボード　　合板　　集成材

❸　木材の接合

─ここで学びたいことがら─

| 接合方法　　継手　　仕口　　ほぞ　　プレカット　　接合金物　　継手 |

1　継手と仕口　次の図(1)〜(6)について，継手にはA，仕口にはBの記号をつけ，分類欄に記入しなさい。また，その名称を語群より選んで名称欄に記号で記入しなさい。

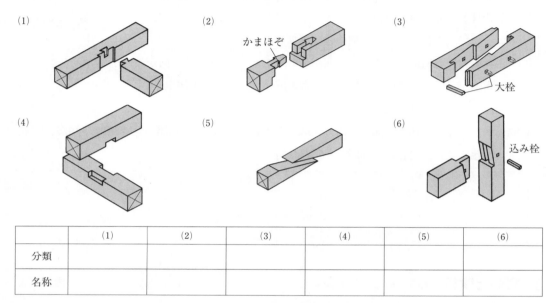

	(1)	(2)	(3)	(4)	(5)	(6)
分類						
名称						

【語群】　a　傾ぎ大入れほぞさし　　b　腰掛かま継ぎ　　c　追掛大栓継ぎ　　d　渡りあご
　　　　　e　そぎ継ぎ　　f　大入れあり掛け　　g　台持継ぎ　　h　相欠き

2　接合金物　次の図（1）〜（6）に示した在来軸組構法で用いる金物の名称を語群より選んで名称欄に記号で記入しなさい。

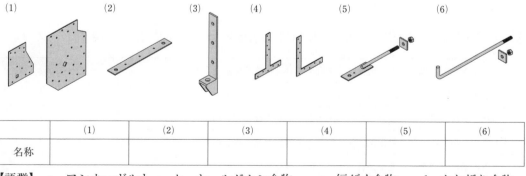

	(1)	(2)	(3)	(4)	(5)	(6)
名称						

【語群】　a　アンカーボルト　　b　ホールダウン金物　　c　短ざく金物　　d　かね折り金物
　　　　　e　羽子板ボルト　　f　かど金物　　g　筋かいプレート　　h　柱脚金物

4 基礎

┌─**ここで学びたいことがら**──────────────────

地盤　　地層　　液状化現象　　圧密　　根切り　　地業の種類　　地業の構成

地盤の強さと基礎の種類　　べた基礎　　布基礎　　独立基礎
└─────────────────────────────────

1 地盤と地層　次の記述で，正しいものには○，誤っているものには×を〔　　〕内に記入しなさい。

〔　　〕(1) 古い地層は良質で強いものが多い。

〔　　〕(2) 地層の状態は地表から直接観察できないので，ボーリングなどを行い調査する。

〔　　〕(3) 地盤の許容応力度の単位は kN である。

〔　　〕(4) 土粒子の大きさは，粘土・砂・礫の順に大きくなる。

〔　　〕(5) 粘土と固結した砂の長期許容応力度を比較すると，粘土のほうが大きい。

2 地盤に起こる現象　液状化現象は次の(1)～(4)の過程を経て発生する。（　　）に適する語句を語群より選んで，解答欄に記入しなさい。

(1) 砂質地盤では，砂の間に生じる（　①　）で上部からの荷重を伝えている。

(2) （　②　）により地下水面下の砂質土が揺すられると，（　③　）と（　④　）が混じり泥水状になり摩擦力がなくなる。

(3) 摩擦力がなくなった砂質地盤は流動化し，上部の荷重を支えきれなくなる。

(4) この結果，地盤の上にある建築物は沈下したり（　⑤　）するなどの被害が生じる。

【語群】　圧縮力　　摩擦力　　地震動　　粘土　　砂　　砂利　　水　　傾斜　　隆起

解　答　欄				
①	②	③	④	⑤

3 地業と基礎　次の文章の（　　）内に，適切な語句を記入しなさい。

(1) 地盤に適した基礎形式にしないと，建築物が傾いたりふぞろいに沈下したりする（　①　）が生じることがある。

(2) 木構造の基礎底面は地盤より（　②　）cm 程度深くするのが一般的であるが，寒冷地では地中が（　③　）する深さよりさらに深くする。

(3) 根切り底には砂利や（　④　）を敷き詰めて突き固める。この上に（　⑤　）を平らに打ち込む。平らな面ができあがったら，型枠の位置を記す（　⑥　）をする。

解　答　欄		
①	②	③
④	⑤	⑥

4　べた基礎　次の記述で，正しいものには○，誤っているものには×を〔　　〕内に記入しなさい。

〔　　〕 (1)　建築物直下の全面を板状の鉄筋コンクリートにする基礎を，べた基礎という。

〔　　〕 (2)　床下全面が鉄筋コンクリートで覆われるため，湿気やすい基礎になる。

〔　　〕 (3)　基礎の自重が布基礎より重くなるので，軟弱な地盤には適さない。

〔　　〕 (4)　スラブの厚さは 12 cm 以上にする。

〔　　〕 (5)　床下の換気のため，換気口を設ける。

5　布基礎　次の基礎の図において，①〜⑦に該当する名称，および，Ⓐ，Ⓑの基礎の名称を解答欄に記入しなさい。

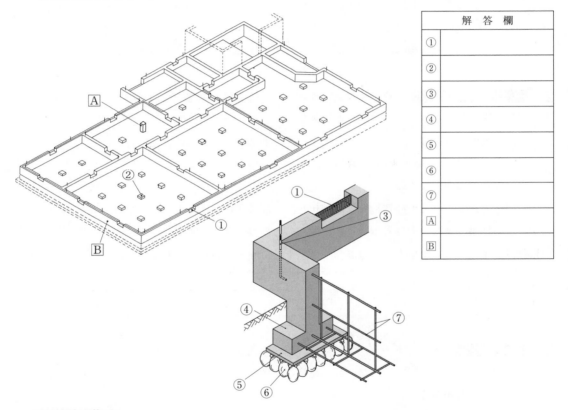

解　答　欄	
①	
②	
③	
④	
⑤	
⑥	
⑦	
Ⓐ	
Ⓑ	

───■**豆知識**■───

建築物が浮き上がる？　　すべてのものが凍りつくような寒冷地では，地盤も凍りつく。地盤が凍ると，土の含んでいる水分が凍結し，地盤の体積を膨張させる。建築物にとって最も困るのは，基礎の下が凍結することである。基礎の下が膨張し，建築物全体が押し上げられる。春になって溶ければ建築物は元の位置に戻る，などとうまくいくわけはない。大半の建築物は傾いてしまう。凍結する深さは，寒さの程度や地質により異なるが，基礎の底面はそれより深くしなければならない。

5 軸組

ここで学びたいことがら

軸組	平	妻	真壁	大壁	併用壁	土台	火打土台	柱	通し柱
管柱	胴差	桁	梁	火打梁	耐力壁	壁量	筋かい	貫	間柱

1 軸組のあらまし 次の文章の（ ）内に，適切な語句を記入しなさい。

(1) 右図で⑦の部分を（ ① ）といい，これに平行な両側の面④を（ ② ），直角な両側面
⑨を（ ③ ）という。

また，①の方向を（ ④ ）方向，②の方向を
（ ⑤ ）方向という。

(2) 軸組は鉛直材である（ ⑥ ）と水平材である

（ ⑦ ）や桁などから構成され，軸組の変形を防ぐために

斜め材である（ ⑧ ）で補強した壁の骨組である。

(3) 壁には真壁と大壁，片面が真壁でもう一方の面が大壁の（ ⑨ ）がある。このうち

（ ⑩ ）は，間柱や筋かいに大きな断面の材が使えるので，最も堅固な骨組にしやすい。

解 答 欄				
①	②	③	④	⑤
⑥	⑦	⑧	⑨	⑩

2 部材の名称 次の軸組の図で①～⑩の部材名を語群から選び解答欄に記入しなさい。

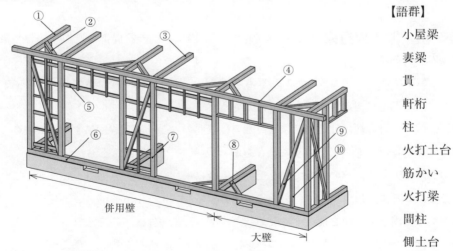

併用壁　　大壁

【語群】

小屋梁
妻梁
貫
軒桁
柱
火打土台
筋かい
火打梁
間柱
側土台

解 答 欄				
①	②	③	④	⑤
⑥	⑦	⑧	⑨	⑩

3 土台・柱 次の文章の（　　）内に，適切な語句や数値を記入しなさい。

(1) 土台の材は腐りやすい位置にあるので，耐水性のよい（　①　）やヒバを用いるとよい。また，（　②　）を注入したり塗布して，湿気の影響を防ぐ。この材は（　③　）を用いて基礎と緊結する。

(2) 住宅では，柱の断面は（　④　）cm～12 cm角とすることが多い。壁に配置するときには90 cm～（　⑤　）cm間隔にする。

(3) 人目に触れる位置に設ける心持ち材の柱には，乾燥によるひび割れを防ぐために（　⑥　）をしておく。また，人目に触れる柱は隅角部を削っておく。これを（　⑦　）という。

(4) 隅柱は，水平力により浮き上がるおそれがあるので（　⑧　）やかど金物などで補強する。

解　答　欄			
①	②	③	④
⑤	⑥	⑦	⑧

4 筋かい 次の記述で正しいものには○，誤っているものには×を〔　　〕内に記入しなさい。

〔　　〕(1) 軸組に作用する水平力により，筋かいにはおもに曲げモーメントが生じる。

〔　　〕(2) 圧縮筋かいを木材にするときには，断面を9 cm×3 cm以上にする。

〔　　〕(3) 筋かいは，建築物の中央部に集中して配置したほうが効果が大きい。

〔　　〕(4) 軸組面に，なるべく左右対称になるように筋かいを配置する。

〔　　〕(5) 筋かい・柱・横架材の中心線は，交点が一致するようにする。

〔　　〕(6) 筋かいの端部は，接合金物を用い，しっかりと固定する。

5 胴差・桁・梁・火打梁 次の文章の（　　）内に，下の語群より適切な語句や数値を選んで記入しなさい。

(1) 桁と梁において，平側外壁にあるものを（　①　）といい，妻側外壁にあるものを（　②　），中間部にあるもの（　③　）という。

(2) 軒桁や胴差の材の幅は柱と同じにし，せいは梁間の（　④　）程度にする。梁間のことを支点間距離または（　⑤　）ということもある。

(3) 柱の間隔が大きく，その途中で梁を受ける場合には，せいが大きい材を使うか，これと同じ効果をもたせるように（　⑥　）を添えて補強する。

(4) 桁や梁は堅固な水平面を構成するために（　⑦　）や（　⑧　）を入れる。

【語群】　妻梁　　火打梁　　軒桁　　スパン　　小屋梁　　火打金物　　添え桁　　$\frac{1}{10}$　$\frac{1}{20}$

解　答　欄			
①	②	③	④
⑤	⑥	⑦	⑧

6 間柱・貫 次の記述で，正しいものには○，誤っているものには×を〔　　〕内に記入しなさい。

〔　　〕(1) 壁の下地材として，柱と柱の間に設ける鉛直部材を間柱という。

〔　　〕(2) 上部からの荷重を支え，水平力に抵抗することも，間柱の重要な機能である。

〔　　〕(3) 間柱は長方形断面の部材を用い，約90 cm 間隔で配置する。

〔　　〕(4) 真壁は壁が薄く間柱が入らないので，代わりに貫を用い壁の下地材とする。

〔　　〕(5) 間柱と筋かいが交差するときには，間柱を切り欠く。

〔　　〕(6) 貫は柱と柱の間に水平に取り付けた部材である。

〔　　〕(7) 柱間隔が大きいときには補強のために塗ごめ貫を鉛直に入れる。

7 耐力壁 次の手順に従って，図の平屋建建築物において耐力壁の壁量が適正かどうか判定しなさい。□内には適切な数値を入れ，（　）内は適切な記号や語句に○をつけなさい。

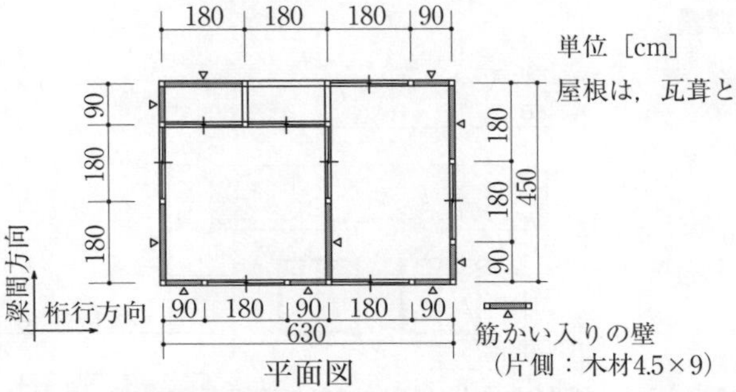

単位〔cm〕
屋根は，瓦葺とする。

平面図

筋かい入りの壁
（片側：木材4.5×9）

表1　筋かいの種類と倍率〔cm〕

筋かい入り壁	筋かいの断面	
	3×9	4.5×9
片側 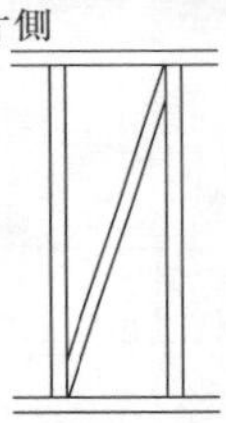	1.5	2
たすき掛け 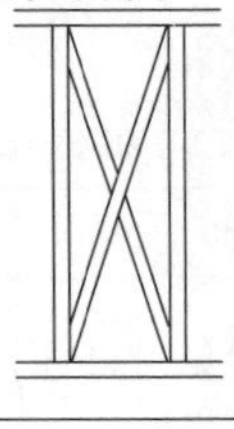	3	4

1) 耐力壁を抽出する（下図に，左上の例に続いて記入する）

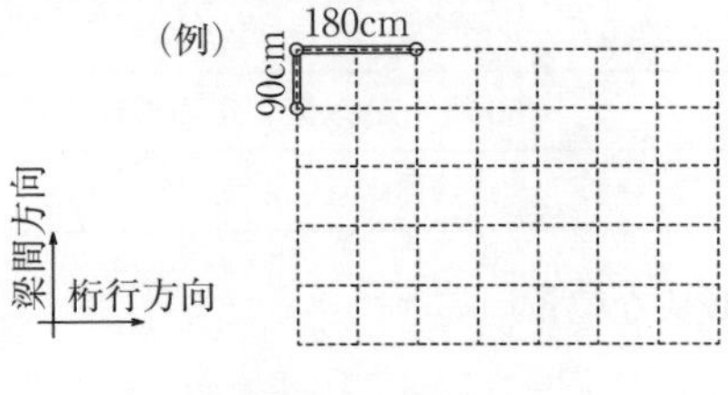

（例）180cm

2) 耐力壁の長さを求める

桁行方向の実際の長さ（合計）×表1の倍率＝桁行方向の耐力壁の長さ

(ア) □ cm × (イ) □ ＝ (ウ) □ cm　————①

梁間方向の実際の長さ（合計）×表1の倍率＝梁間方向の耐力壁の長さ

(エ) □ cm × (オ) □ ＝ (カ) □ cm　————②

3）地震力に抵抗するために必要な壁量

検討する階の床面積（m²）× 表 2 の数値（cm/m²）　　＝各方向に必要な壁量（cm）

$$\boxed{^{(キ)}\qquad\qquad}\ \mathrm{m^2}\quad\times\quad\boxed{^{(ク)}\qquad\qquad}\ \mathrm{cm/m^2}\quad=\quad\boxed{^{(ケ)}\qquad\qquad}\ \mathrm{cm}\quad\underline{\qquad}③$$

表 2　階の床面積に乗じる数値［cm/m²］

	階数が 1 の建築物	階数が 2 の建築物の 1 階	階数が 2 の建築物の 2 階
屋根を瓦など 重い材料で葺いたもの	15	33	21
屋根を金属板など 軽い材料で葺いたもの	11	29	15

4）地震力についての検討

桁行方向の検討　① $\left(^{(コ)}\ \ >\ \cdot\ <\ \right)$ ③により $\left(^{(サ)}\ \ \text{OK}\ \cdot\ \text{NG}\ \right)$

梁間方向の検討　② $\left(^{(シ)}\ \ >\ \cdot\ <\ \right)$ ③により $\left(^{(ス)}\ \ \text{OK}\ \cdot\ \text{NG}\ \right)$

5）風圧力に抵抗するするために必要な壁量

区域は表 3 の「それ以外の区域」とする。

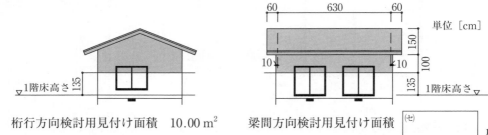

桁行方向検討用見付け面積　10.00 m²　　梁間方向検討用見付け面積 $\boxed{^{(セ)}\qquad\qquad}$ m²

表 3　見付け面積に乗じる数値［cm/m²］

しばしば強い風が吹くと指定された区域	50 超，75 以下で定められた値
それ以外の区域	50

検討する方向の見付け面積 × 表 3 の数値 ＝ 各方向に必要な壁量

桁行方向の検討

見付け面積　　　　　　　　　　　　　　　　　　桁行方向に必要な壁量

$$10.00\ \mathrm{m^2}\ \times\ \boxed{^{(ソ)}\qquad}\ \mathrm{cm/m^2}\ =\ \boxed{^{(タ)}\qquad}\ \mathrm{cm}\quad\underline{\qquad}④$$

梁間方向の検討

見付け面積　　　　　　　　　　　　　　　　　　梁間方向に必要な壁量

$$\boxed{^{(チ)}\qquad}\ \mathrm{m^2}\ \times\ \boxed{^{(ツ)}\qquad}\ \mathrm{cm/m^2}\ =\ \boxed{^{(テ)}\qquad}\ \mathrm{cm}\quad\underline{\qquad}⑤$$

6）風圧力についての検討

桁行方向の検討　① $\left(^{(ト)}\ \ >\ \cdot\ <\ \right)$ ④により $\left(^{(ナ)}\ \ \text{OK}\ \cdot\ \text{NG}\ \right)$

梁間方向の検討　② $\left(^{(ニ)}\ \ >\ \cdot\ <\ \right)$ ⑤により $\left(^{(ヌ)}\ \ \text{OK}\ \cdot\ \text{NG}\ \right)$

7）判定

このことから，壁量は $\left(^{(ネ)}\ \ 適切\ \cdot\ \ 不適切\ \right)$ である。

6 小屋組

ここで学びたいことがら

| 屋根の形状 | 屋根のかけ方 | 和小屋 | 京ろ組 | 折置組 | 洋小屋 | 真束小屋組 |
| 棟木 | 母屋 | 垂木 | 小屋束 | 隅木 | 小屋筋かい | 桁行筋かい |

1 小屋組 次の記述で，正しいものには○，誤っているものには×を〔 　〕内に記入しなさい。

〔　　〕(1) 小屋組は屋根の荷重を支えて軸組に伝える骨組である。

〔　　〕(2) 小屋組は暴風や地震力による水平力に抵抗する必要はない。

〔　　〕(3) 住宅のように間仕切壁の多い小規模な建築物には，洋小屋が一般に用いられる。

〔　　〕(4) 屋根の勾配は，材料，デザインや地域の気象条件により決まる。

〔　　〕(5) 小屋梁のかけ方には京ろ組と折置組があるが，住宅では折置組がよく用いられる。

〔　　〕(6) 和小屋の梁には曲げモーメントが生じる。

〔　　〕(7) 洋小屋はトラスで構成されるので，基本的には，各部材には軸方向力が生じると考える。

2 屋根の形状 次に示す屋根の形の名称を解答欄に記入しなさい。

(1) (2) (3) (4) (5) (6)

解　答　欄					
(1) 　　　　　　屋根		(2) 　　　　　　屋根		(3) 　　　　　　屋根	
(4) 　　　　　　屋根		(5) 　　　　　　屋根		(6) 　　　　　　屋根	

3 屋根伏せ図 次の木造平屋建住宅の屋根の輪郭の図に，棟の位置を決めて，切妻と寄棟の屋根伏せ図を完成させなさい。

切妻 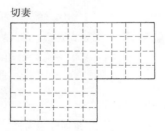　　寄棟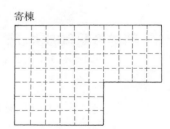

〔条件〕

(1) 地回りの高さ，軒の出，屋根勾配は一定。

(2) 切妻，寄棟の併用はしない。

(3) 陸谷はつくらない。

(4) 棟の高さは，できるだけ低くする。

4 束立て小屋組 次の束立て小屋組図の①～⑩の部材名称を A 欄に記入しなさい。また，ア～コの説明文に該当する部材はどれか，記号を B 欄に記入しなさい。

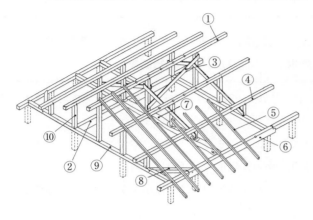

	A 欄	B 欄
①		
②		
③		
④		
⑤		
⑥		
⑦		
⑧		
⑨		
⑩		

【説明】

　ア．軸組の桁行き方向外周上部の水平材で小屋梁を受ける。

　イ．屋根荷重を直接受ける小屋組部材で，荷重を母屋に伝える。

　ウ．軸組上部に掛け渡された水平材で屋根荷重により曲げ作用を受けるので丸太を用いる。

　エ．棟に平行に掛け渡して垂木を支える部材。

　オ．妻側の風圧力により倒れるのを防ぐため，桁行き方向に入れる部材。

　カ．棟に直角な梁で最も外側にあるもの。

　キ．屋根の頂部に桁行方向に配置する部材。

　ク．梁と桁などの交差部に水平面の変形を防ぐために入れる部材。

　ケ．小屋梁を途中で受けている梁。

　コ．母屋，棟木を支え，屋根荷重を梁に伝える。

5 部材の配置および断面寸法 次の記述で，正しいものには○，誤っているものは×を〔 　 〕内に記入しなさい。また，誤っているものは正しい数値を文末の（ 　 ）内に記入しなさい。

〔 　 〕 (1) 垂木の間隔を約 90 cm にした。（ 　 　 ）

〔 　 〕 (2) 一般的な棟木の断面は 10 cm 角程度である。（ 　 　 ）

〔 　 〕 (3) 母屋の間隔を約 90 cm にした。（ 　 　 ）

〔 　 〕 (4) 小屋束の間隔を約 45 cm にした。（ 　 　 ）

〔 　 〕 (5) 小屋梁の配置間隔を約 180 cm にした。（ 　 　 ）

7 床組

─ここで学びたいことがら─

束を立てる床組　束を立てない床組　梁床　根太床　大引　根太

床束　床梁　防湿・腐朽・白蟻対策

1 床組 次の文章の（　）内に適する語句を語群より選んで，解答欄に記入しなさい。

(1) 床には，おもに木を組み合わせてつくった床，および（ ① ）の床がある。前者は後者に比べ，床が適度にしなるので，歩行時の（ ② ）を弱める効果がある。

(2) 長方形の平面の室を束を立てる床組にするとき，大引は室の（ ③ ）方向に配置する。したがって，根太は室の（ ④ ）方向に配置する。

(3) 根太掛けは根太の端部を支持する部材で，天端を（ ⑤ ）と同じにし，柱や間柱を欠き込んで取り付けるとよい。

(4) きわ根太は根太と平行に室の（ ⑥ ）部に配置する。

(5) 大引は束石の上に立てた（ ⑦ ）で支えるが，⑦の転倒やずれを防ぐために（ ⑧ ）貫で固めておく。

(6) 地盤からの湿気を防ぐために，床面は直下の地面より（ ⑨ ）cm 以上あげておく。さらに，（ ⑩ ）を代表とする虫害が生じることもあるので，床下は乾燥させ，防虫の措置を施しておく。

【語群】　端　中央　白蟻　黒蟻　30　45　60　地　胴　根がらみ　すべり
衝撃　長手　短手　鋼　コンクリート　大引　床束　管柱

解　答　欄			
①	②	③	④
⑤	⑥	⑦	⑧
⑨	⑩		

2 部材の配置および断面寸法 次の文章は，床組をすべて木材でつくったときの記述である。正しいものには○，誤っているものは×を〔　〕内に記入しなさい。また誤っているものは正しい数値を文末の（　）内に記入しなさい。

〔　〕(1) 床束の間隔を 90 cm にした。（　　　　　）

〔　〕(2) 一般的な床束の断面は 12 cm 角程度である。（　　　　　）

〔　〕(3) 板床において，根太の間隔を 45 cm にした。（　　　　　）

〔　〕(4) 一般的な根太の断面は 5 cm 角程度である。（　　　　　）

〔　〕(5) 大引の配置間隔を 180 cm にした。（　　　　　）

〔　〕(6) 一般的な大引の断面は 9 cm 角程度である。（　　　　　）

3 構成部材の名称 次の1階および2階の床組の図で，①〜⑨の部材名を解答欄に記入しなさい。

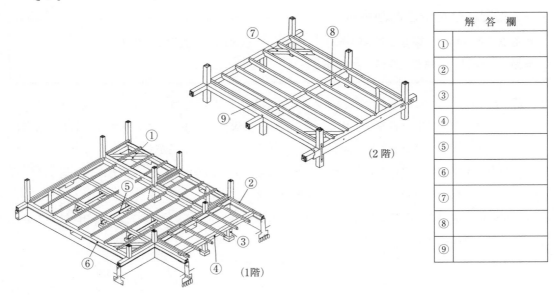

(2階)

(1階)

解 答 欄	
①	
②	
③	
④	
⑤	
⑥	
⑦	
⑧	
⑨	

4 床伏図 下図のような大きさの部屋に板床を張る場合，床伏せ図を下記に示す表示記号を使って描きなさい。

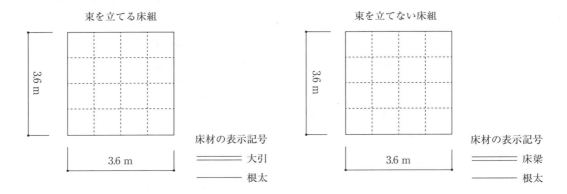

束を立てる床組

3.6 m

3.6 m

床材の表示記号

＝＝＝ 大引

―― 根太

束を立てない床組

3.6 m

3.6 m

床材の表示記号

＝＝＝ 床梁

―― 根太

■豆知識■

バリアフリーと床組 バリアフリーの住宅にするために床面に高低差をつけずに仕上げる方法がよくとられる。ある階の床面すべてを高低差なしに仕上げるためには，すべての室の仕上材の厚さと下地骨組の高さを考えなければならない。たとえば，和室を畳敷き，廊下を縁甲板で仕上げると，畳仕上げに必要な厚さは畳厚さ6 cmと床板厚さ1.5 cmの計7.5 cmになる。廊下を1.8 cmの縁甲板だけで仕上げると，仕上げに必要な厚さに5.7 cmの差が生じる。これを根太の取り付け高さで調整することになる。

8　階段

―ここで学びたいことがら―

側桁階段　　ささら桁階段　　側桁　　ささら桁　　踏板　　け込み板　　手すり

踊り場　　踏面　　け上げ　　け込み

1　階段　次の記述で，正しいものには○，誤っているものには×を〔　　〕内に記入しなさい。

〔　　〕　(1)　階段はよく見える箇所に取り付けるので，多少複雑な平面形状になってもデザイン性を優先させる。

〔　　〕　(2)　住宅の階段は，踏面は 15 cm 以上，け上げは 23 cm 以下にする。

〔　　〕　(3)　手すりの高さは，踏板の先端から 1.2 m にする。

〔　　〕　(4)　手すりは，階段の両側または片側に設ける。片側にしか設けない場合には，ない側に壁などを設ける。

〔　　〕　(5)　側桁階段は，幅の両側に設けた側桁に踏板とけ込み板を取り付けた形式である。

〔　　〕　(6)　ささら桁階段は，ささら桁に踏板を取り付け，それに手すりを取り付ける。

2　各部の名称　次の階段の図で①〜⑩の名称を語群から選んで解答欄に記入しなさい。

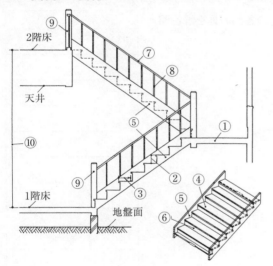

【語群】

階高

手すり笠木

踏面

親柱

手すり子

側桁

け込み板

踏板

踊り場

け上げ

	解　答　欄
①	
②	
③	
④	
⑤	
⑥	
⑦	
⑧	
⑨	
⑩	

―■豆知識■―

建築基準法は最低限のルール　建築基準法で住宅の階段は，踏面 15 cm 以上，け上げ 23 cm 以下と規定されている。規定値ぎりぎりで設計した階段の勾配は，角度にすると約 57 度になる。これは，手すりにつかまれば昇降に差し障りはないだろうが，急勾配すぎる階段である。住宅でも学校の階段のように，手すりにつかまらなくても平気で昇降できるような，ゆとりをもった設計をしたい。建築基準法は，あくまで最低限のルールということを再認識しよう。

9 外部仕上げ

┌─**ここで学びたいことがら**─────────────────┐
| 屋根　　葺下地　　瓦葺　　金属板葺　　住宅屋根用化粧スレート葺　　軒天井 |
| ひさし　　とい　　外壁　　サイディング張り　　モルタル塗り　　断熱　　外周壁開口部 |
| 開閉方式　　金属製建具　　木製建具　　出窓　　雨戸　　ガラス　　建具金物 |
└──────────────────────────────┘

1　屋根勾配　次の記述で，正しいものには○，誤っているものには×を〔　〕内に記入しなさい。

〔　　〕 (1) 屋根勾配は角度ではなく，水平面の長さ10に対する高さxで示し，$\dfrac{x}{10}$と表すことが多い。

〔　　〕 (2) 風の強い地方では，急勾配の屋根が適している。

〔　　〕 (3) 降雨量が多い地方では，勾配の緩い屋根が適している。

〔　　〕 (4) 瓦のように継目の多い材料で屋根を葺くときは，屋根勾配をあまり緩くしない。

〔　　〕 (5) 金属板の瓦棒葺は，棟から軒先まで継目のない材料で葺くので，屋根勾配を緩くできる。

2　屋根の各部名称　下図に示す屋根の①～⑦の各部名称を解答欄に記入しなさい。

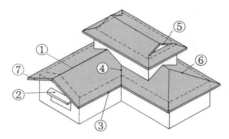

解　答　欄	
①	
②	
③	
④	
⑤	
⑥	
⑦	

3　瓦葺屋根の構成部材　下図は屋根の一部を示す図である。①～⑦の部材名称を解答欄に記入しなさい。

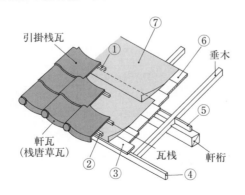

引掛桟瓦　垂木　軒瓦（桟唐草瓦）　瓦桟　軒桁

解　答　欄	
①	
②	
③	
④	
⑤	
⑥	
⑦	

4 屋根の葺き方 次の記述で，正しいものには○，誤っているものには×を〔　　〕内に記入しなさい。

〔　　〕(1) 垂木の上に野地板を張り，軒先には登りよどをつけて屋根を葺く。

〔　　〕(2) けらばには，母屋の先端を隠すために，鼻隠しを取り付ける。

〔　　〕(3) 日本瓦葺は，耐火性・耐久性にすぐれているが，緩い勾配はとりにくい。

〔　　〕(4) 銅板に発生する緑青は，銅板に浸食し雨漏りの原因になるので，すぐに取り除く。

〔　　〕(5) 金属板は温度による伸縮が大きいため，直接釘打ちせず，吊子を使って止める。

5 住宅屋根用化粧スレート葺 次の文章の（　　）内に，語群より適切な語句を記入しなさい。

(1) 住宅屋根用化粧スレートは，瓦より（　①　）く，金属板より熱を伝え（　②　）い。この材料は，おもな原料であるセメントと（　③　）を混合し（　④　）成形して製造する。

(2) 住宅屋根用化粧スレートを葺くまえに，広小舞には（　⑤　）を，登りよどには（　⑥　）を取り付ける。葺き終えたら棟にはあおり板の上に（　⑦　）を取り付け，雨水の浸入を防ぐ。

解　答　欄			
①	②	③	④
⑤	⑥	⑦	

6 軒天井・ひさし・とい 次の文章の（　　）内に，適切な語句を記入しなさい。

(1) 延焼のおそれのある場所では，火熱に耐えられるように軒天井は（　①　）構造にする。

(2) 持出し板を柱や間柱に打ち付け，それに仕上げをした洋風のひさしを（　②　）という。

(3) 和風のひさしで，腕木・出し桁・垂木で構成されたひさしを（　③　）という。屋根の仕上げには（　④　）のように不燃で軽い材料を用いるとよい。

(4) 軒先に設けるといを（　⑤　）といい，雨水が流れるように（　⑥　）以上の勾配をつける。これを外どい形式とした場合には，鼻隠しや垂木に取り付けた（　⑦　）金物で固定する。

解　答　欄			
①	②	③	④
⑤	⑥	⑦	

■**豆知識**■

あんこう（鮟鱇） 建築用語には，動物（牛・馬・犬・猿・猫・猪など）・魚介類（あさり・あんこう・鰻・海老・亀・貝・かき・かになど）・鳥類（雁・烏・鶯・鴨など）などの用語が，その本来の形態・動作・習性などに基づいて用いられている。「あんこう」もまたそうである。これは軒どいとたてどいの接続する部分の「呼びどい」の別称で，大口をあけて軒どいにかじりつき，身をくねらせて壁ぎわのたてどいに尾をさしこむ様子が，怪魚「鮟鱇」にそっくりであることから，この名がついた。

7 張り壁と塗壁 次に示すサイディング壁とモルタル壁について，①〜⑤の部材名称を解答欄に記入しなさい。

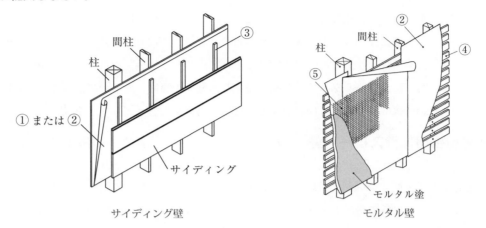

サイディング壁　　　　　　　　　　モルタル壁

解 答 欄				
①	②	③	④	⑤

8 外壁 次の文章の（　）内に，適切な語句を記入しなさい。

(1) サイディングは雨仕舞の面から（　①　）方向に張ることが多い。釘または金物で止め付けるが，出隅は（　②　）のサイディングを用いて体裁よく仕上げる。

(2) 板材は防火を考慮して，延焼のおそれのあるところには用いない。用いる場合には，耐久性を考慮して（　③　）や塗料を塗る。板材を横方向に張るものを（　④　）張り，縦方向に張るものを（　⑤　）張りという。

(3) 塗壁の仕上面に（　⑥　）が生じると雨水が浸入し，骨組や下地材が腐りやすくなる。このため，骨組や下地材は堅固に組み，地盤面から（　⑦　）m 以内には防腐剤を塗布する。

解 答 欄			
①	②	③	④
⑤	⑥	⑦	

9 断熱 次の記述で，正しいものには○，誤っているものには×を〔　〕内に記入しなさい。

〔　〕(1) 断熱性能がよい建築物は，省エネルギー性能がよく，室内の結露も防止できる。

〔　〕(2) 垂木の間に入れる充填断熱には，発泡プラスチック断熱材を用いる。

〔　〕(3) 外周壁の外張断熱や充填断熱には，グラスウール断熱材を用いる。

〔　〕(4) 断熱材の性能は，熱伝導率で表され，値が低いほど熱を伝えにくい。

〔　〕(5) 束立て床や土間床には，グラスウール断熱材を用いる。

10　開閉方式と金物　次の図に示す建具の開閉方式の名称を名称欄に記入しなさい。また，金物に丁番を用いる開閉方式には，丁番の欄に○を記入しなさい。

	(1)	(2)	(3)	(4)	(5)
図					
名称					
丁番					

11　外周壁開口部　次の文章の（　　）内に，適切な語句を記入しなさい。

(1)　大壁の窓では間柱や柱の間に，上部には（　①　），下部には（　②　）を取り付け，それに枠を固定する。

(2)　アルミニウム合金製サッシには，内付け・半外付け・外付けの三つの形式があるが，真壁で柱内に障子を設ける場合には（　③　）が用いられる。

(3)　雨戸やガラス戸などの建具を収納するために設けた部分を（　④　）といい，建具と同じ材料でつくられることが多い。

(4)　枠や壁を伝わった雨水が壁の内部に浸入することを防ぐために設ける金属製の板を（　⑤　）という。この板と外壁が接する部分には（　⑥　）を施して防水処理をする。

(5)　金属製建具は，枠と建具が一体で生産されるので，木製建具より（　⑦　）がよい。

(6)　金属製建具には，アルミニウム合金製，鋼製，ステンレス鋼製などがあるが，住宅用としては（　⑧　）製のものが多く使用されている。

(7)　アルミニウム合金製サッシは，（　⑨　）との接触により腐食することがある。

(8)　遮光・防犯・ガラス保護のために外周壁開口部の外側に用いる建具に（　⑩　）がある。

解　答　欄				
①	②	③	④	⑤
⑥	⑦	⑧	⑨	⑩

12　ガラス　次はガラスの名称と特徴を示したものである。該当するものを線で結びなさい。

(1)　フロート板ガラス・　　・(ア)　2枚のガラスの間に中空層を設けてあり，断熱性にすぐれている。

(2)　型板ガラス　　　・　　・(イ)　板ガラスの片面に模様をつけたもので，視線を遮られる。

(3)　強化ガラス　　　・　　・(ウ)　可視光線を透過し，透明ガラスともいわれ一般に用いられる。

(4)　網入板ガラス　　・　　・(エ)　普通の板ガラスの3～5倍の強さがあり，破損しても粒状になり安全である。

(5)　複層ガラス　　　・　　・(オ)　板ガラスの中に金網を挟み込んだもので，防火・盗難防止に用いられる。

🔟 内部仕上げ

---**ここで学びたいことがら**---

床仕上げ　　壁仕上げ　　造作　　天井仕上げ　　間仕切壁開口部　　大壁の開口部

真壁の開口部　　敷居　　かもい　　床の間　　押入　　縁側

1　内部に適した仕上げ　次の文章の（　　）内に，適切な語句を記入しなさい。

(1)　建築材料から発生する化学物質は人体に影響を与える。とくに（　①　）と（　②　）については影響が大きいので注意する。これらについては，建築材料により使用面積を制限するとともに，（　③　）時間を通して機械で（　④　）する設備を設ける。

(2)　高い位置にある壁を（　⑤　），低い位置にある壁を（　⑥　）と位置により名称を区別することがある。⑥は汚れやすいので床仕上げに準じた材料を用いるとよい。

(3)　天井は火災時に燃えやすいので（　⑦　）性の高い材料を用いるとよい。

解　答　欄			
①	②	③	④
⑤	⑥	⑦	

2　床仕上げ　次は床仕上げに関する記述である。語群より適切な語句を選んで記入しなさい。

(1)　板床は，和風ではヒノキ，マツなどの（　①　）を用い，洋風ではナラ，ブナなどの（　②　）を用いる。

(2)　塗床は土間に用い，（　③　）の上にモルタルなどで仕上げる。人造石で仕上げることもあるが，種石に大理石や花こう岩を用いたものを（　④　）という。

(3)　和室の床に用いる畳の厚さは，（　⑤　）cm 程度が一般的である。

(4)　浴室の床は滑ると危険なので，タイルが小さく多数の目地が生じる（　⑥　）タイルを用いて滑り止めにするとよい。

【語群】　フローリングボード　　羽目板　　縁甲板　　コンクリート　　砂利地業

　　　　　テラコッタ　　テラゾー　　6　　12　　24　　コルク　　モザイク　　ビニル

解　答　欄			
①	②	③	④
⑤	⑥		

3　室内の部位と造作材　次の室内を示す図で，①〜⑦の部位または造作材の名称を解答欄に記入しなさい。

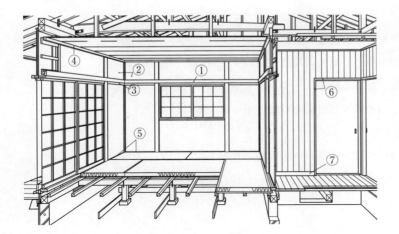

解　答　欄	
①	
②	
③	
④	
⑤	
⑥	
⑦	

4　塗壁　次の記述で，正しいものには○，誤っているものには×を〔　　〕内に記入しなさい。

〔　　〕　(1)　モルタル塗は，耐水性や耐火性を要求される壁に適している。

〔　　〕　(2)　塗壁の下地には合板を一般的に用いるが，貫や間柱に堅固に止める。

〔　　〕　(3)　土壁は荒壁の上に中塗・上塗を施す。上塗には色土や色砂にのりを混ぜたものを用いる。

〔　　〕　(4)　荒壁の上塗に，京都市内で産出する聚楽土を用いた壁を聚楽壁，色土に石灰を混ぜたものを用いた壁を大津壁という。

〔　　〕　(5)　内装用薄塗壁は，せっこうボードに塗った下地材の上に厚さ 10 mm 程度の上塗をする。

〔　　〕　(6)　石灰と砂を主原料にのりとすさを混ぜたものが，しっくいになる。

〔　　〕　(7)　しっくい壁を木ずり下地にして，下塗から塗り重ねる場合には，木ずりにラスを張っておく。

〔　　〕　(8)　プラスターは，苦灰石が原鉱石のドロマイトプラスターと，焼せっこうを主原料としたせっこうプラスターがある。

■**豆知識**■

シックハウス　新築の家で，目や喉の痛みなど体調に異変を訴えるという，いわゆるシックハウスが問題になった。これは，壁紙の接着剤や合板など各種の建材から室内に放散されるホルムアルデヒドなど化学物質が原因といわれている。とくに，最近の建築物は気密性が高く自然換気量が少ないので，この現象が顕著だった。対策として，24 時間連続して換気をするとともに，天然材料を多用したり，化学物質の量を制限した建材を用いるなど，いろいろな方法がとられている。内部仕上材を選択するときには，人体に与える影響についても考えなければならない。

5　造作　次の記述で，正しいものには○，誤っているものには×を〔　　〕内に記入しなさい。

〔　　〕(1)　造作材は，よく乾燥した良質材を選び，和風では柱に調和したスギやヒノキなどの針葉樹を用いることが多く，かんな仕上げとする。

〔　　〕(2)　洋風では，タモやシオジなどの広葉樹を用い，ワニスなどの塗装を施す。

〔　　〕(3)　幅木は開口部の下枠で，洋室の場合は硬いタモ材などが用いられる。

〔　　〕(4)　内法なげしを取り付ける場合は，つけかもいは取り付けないことが多い。

〔　　〕(5)　和室では，天井回り縁の見付面を柱面と平らに取り付ける。

6　天井の骨組　次の天井骨組の図で，①〜⑤の部材名を解答欄に記入しなさい。

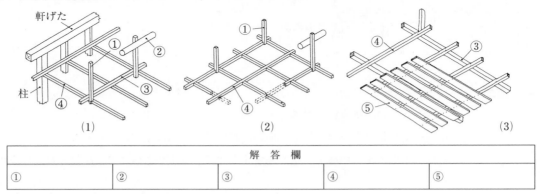

(1)　　　　　　　(2)　　　　　　　(3)

解　答　欄				
①	②	③	④	⑤

7　天井　次は天井に関する記述である。語群より適切な語句を選んで解答欄に記入しなさい。

(1)　さお縁天井のさお縁の方向は，床の間のある室では，床の間と（　①　）に，廊下，押入などは（　②　）方向に配置する。

(2)　右図のように，スギの柾目や板目模様の化粧合板などを張って，目地に隙間をあけた天井を（　③　）という。

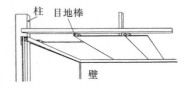

(3)　格縁を碁盤目に組み，この中を鏡板張りとして仕上げる天井を（　④　）といい，荘重な感じの天井になる。

(4)　天井仕上材と天井骨組との組み合わせを問**6**の番号で示すと，せっこうボードは（　⑤　），繊維板のように伸縮しやすい板の場合には（　⑥　）が適している。

【語群】　格天井　　平板張り天井　　目透し張り天井　　平行　　直角　　(1)　(2)　(3)
　　　　　長手　　短手

解　答　欄			
①	②	③	④
⑤	⑥		

8 間仕切壁開口部 次の記述で，正しいものには○，誤っているものには×を〔　　〕内に記入しなさい。

〔　　〕(1) 引戸の立て枠に付けられた溝を戸当りじゃくりといい，これがあることにより建具を閉めたときの気密性が高まる。

〔　　〕(2) 両開き扉や引分け戸のように，建具と建具が出会う部分のことを召合せといい，建具の出会う部分に相欠きやありほぞなどの加工を施す。

〔　　〕(3) ふすま・障子・格子戸は，洋風建築独特の建具である。

〔　　〕(4) かまちの中に格子状に骨組を入れ，両面に化粧板などを張った建具をフラッシュ戸といい，洋室などに広く用いられる。

〔　　〕(5) かもいや敷居の溝と溝の間を中ひ端といい，建具の厚さが変わっても中ひ端の幅は変わらない。

9 開口部の構成部材 次の開口部まわりの図で①〜⑪に該当する部材名，および雨仕舞のために施した⒜，⒝の部分の名称を解答欄に記入しなさい。

解　答　欄	
①	
②	
③	
④	
⑤	
⑥	
⑦	
⑧	
⑨	
⑩	
⑪	

⒜		⒝	

10 床の間 次の床の間を示す図で，①〜③の名称を解答欄に記入しなさい。

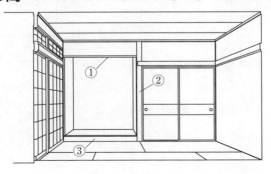

解　答　欄	
①	
②	
③	

11 木造枠組壁構法

―ここで学びたいことがら――

| 躯体の構成 | 枠組材 | 構造用面材 | 接合方法 | 床枠組 | 壁枠組 | 小屋組 |

1 構法の特徴 次の記述で, 正しいものには○, 誤っているものには×を〔　〕内に記入しなさい。

〔　〕 (1) 別名, ツーバイフォー構法ともいう。

〔　〕 (2) 北ヨーロッパで発達した構法である。

〔　〕 (3) 部材の接合は, 部材の端部を突付けにして, 釘打ちする。

〔　〕 (4) 壁の配置や構成は比較的自由で, 窓の位置や間取りも自由度が高い。

〔　〕 (5) 在来軸組構法のように大きな断面の部材を使用しないので, 耐震性は低い。

〔　〕 (6) 加工・組立が簡単で, 電動工具が活用しやすいので, 工期は短くなる。

〔　〕 (7) 接合部の強さは金物や釘によるところが大きい。

2 躯体の構成 次の木造枠組壁構法の図の①～⑩の部材, A～Cの補強金物に該当する名称を語群から選んで解答欄に記入しなさい。

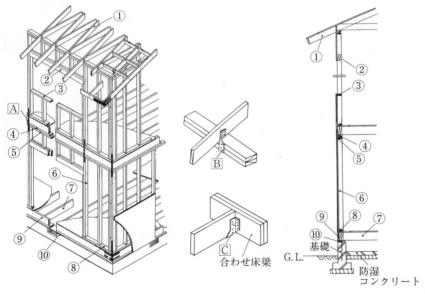

合わせ床梁

基礎
G.L.
防湿
コンクリート

	解 答 欄
①	
②	
③	
④	
⑤	
⑥	
⑦	
⑧	
⑨	
⑩	
A	
B	
C	

【語群】　頭つなぎ　立て枠　床根太　窓台　土台　垂木
　　　　下枠　端根太　上枠　端金物　帯金物
　　　　根太受け金物　あおり止め金物　梁受け金物　まぐさ

3 釘打ち法と釘

下図に示す木造枠組壁構法の①~③の釘打ちの種類名を解答欄に記入しなさい。また，ア~エの記号で示される釘の使用箇所を語群より選んで，その記号を解答欄に記入しなさい。

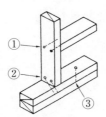

解　答　欄		
①		ア．GN 40
②		イ．ZN 40
③		ウ．CN 75
		エ．BN 50

【語群】　a. 枠組材相互　　b. せっこうボードと枠組材
　　　　　c. 金物接合用　　d. 構造用合板と枠組材

4 構成材料

次の文章の（　　）内に，適切な語句を記入しなさい。

(1) 枠組材の製材は，（　①　）や国土交通省の告示で規定され，等級などの格付け表示がされている。未乾燥材で断面寸法が 40 mm × 90 mm のものは寸法型式で（　②　）とよばれ，最も多く用いられている。

(2) 甲種枠組材は，根太などおもに（　③　）の力に抵抗する部材として用いる。

(3) 構造用面材は，構造用（　④　）やせっこうボードなどが使用される。

解　答　欄			
①	②	③	④

5 小屋組

次の図で，それぞれの小屋組の方式名称を解答欄に記入しなさい。

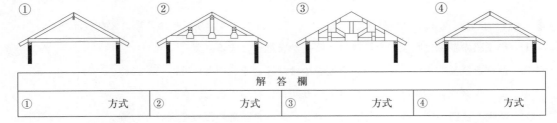

解　答　欄			
① 　　　　方式	② 　　　　方式	③ 　　　　方式	④ 　　　　方式

■豆知識■

木造枠組壁構法，2×4構法の名称の由来　　本構法の導入時，北米ではウッドフレーム・コンストラクション，プラットフォーム構法とよばれていた。この名称だと日本では意味が伝わらないため，現地視察で技術者に質問した折に，壁が2×4（ツーバイフォー）材，床が2×10（ツーバイテン）材といった具合に答えていたのが命名のきっかけといわれている。昭和49年，この構法がわが国でも一般的な構法として用いられるようになり，在来の木構造が軸組構造であるのに対し，ウッドフレーム（木の枠）というように壁構造に注目して，当時の建設省（現，国土交通省）が中心となり「木造枠組壁構法」を正式名称にしたといわれている。

章 末 問 題

1 木材に関する次の記述で，誤っているものを一つ選び，その番号に×をつけなさい。

(1) 心持ち材は，心去り材よりひび割れしやすい。

(2) 260℃に加熱された木材は，口火をつけると着火する。

(3) 木材の乾燥収縮率は，繊維方向のほうが，繊維に直角方向よりも大きい。

(4) 木材の強度は，繊維飽和点以下では含水率が低いほど高い。

2 木材に関する次の記述で，誤っているものを一つ選び，その番号に×をつけなさい。

(1) 気乾状態にある木材の含水率は，わが国では 25％である。

(2) 板目木取りされた板材は，木表側が凹に反る。

(3) 含水率が 30％以上では収縮は起こさないが，30％を下回ると含水率に比例して収縮する。

(4) 心材は，辺材より腐朽しにくく，虫害にも強い。

3 集成材，合板に関する次の記述で，誤っているものを一つ選び，その番号に×をつけなさい。

(1) 集成材は，大断面や長尺材の製造が可能である。

(2) 普通合板の耐水性は，耐水性能がよい順に，1 類，2 類に分類される。

(3) 合板は，木材のもつ方向による性質の違いを少なくした材料である。

(4) 合板は，単板の繊維方向をそろえて接着して製造する。

4 木材の接合に関する次の記述で，誤っているものを一つ選び，その番号に×をつけなさい。

(1) 小屋梁の継手は敷梁の上に設け，腰掛かま継ぎとする。

(2) 部材を延長する接合を継手，角度をつけた接合を仕口という。

(3) ホールダウン金物は，柱の浮き上がり防止に有効である。

(4) 継手や仕口のプレカット加工は，コンピュータ制御の機械を用いて行う。

5 木構造の部材とその接合に用いる金物類の組合せとして，最も不適切なものを一つ選び，その番号に×をつけなさい。

(1) 小屋梁と軒桁 ―――― 羽子板ボルト

(2) 柱と軒桁 ――――― 山形プレート

(3) 土台と基礎 ―――― 短ざく金物

(4) 垂木と軒桁 ―――― ひねり金物

6　木造建築物の構造計画に関する次の記述のうち，誤っているものを一つ選び，その番号に×をつけなさい。

(1)　間仕切壁の多い建築物ほど，一般に耐震性はよくなる。

(2)　方づえは，骨組の変形を少なくする効果があるが，柱の方づえ取付け部が弱点となりやすい。

(3)　耐震的な建築物にするために，屋根や2階など建築物の上部に重さが偏らないようにする。

(4)　床組や陸梁のたわみを減少させるために，火打材や水平トラスを組む。

7　木造建築物の耐震耐風に関する構造計画の上で，誤っているものを一つ選び，その番号に×をつけなさい。

(1)　2階建の建築物では，間仕切壁を1・2階とも同じ位置にしたほうがよい。

(2)　壁は真壁構造より大壁構造のほうが耐震性はよくなる。

(3)　2階建の建築物で広い部屋を設ける場合は，1階に設けるほうがよい。

(4)　屋根の葺材は軽量なものを用い，下地に緊結する。

8　木構造の柱および梁に関する次の記述のうち，誤っているものを一つ選び，その番号に×をつけなさい。

(1)　小屋梁に丸太を使用する場合，所要断面寸法は，丸太の元口寸法で表す。

(2)　梁の中央部付近の下側には，構造耐力上支障のある欠込みをしない。

(3)　梁の断面を決める場合，たわみが過大にならないようにする。

(4)　2階建の建築物における隅柱またはこれに準ずる柱は，一般に，通し柱とする。

9　木構造の耐力壁に関する次の記述のうち，誤っているものを一つ選び，その番号に×をつけなさい。

(1)　耐力壁は，梁間方向および桁行方向につり合いよく配置する。

(2)　厚さ5mm以上の構造用合板を，柱および上下の横架材に15cm間隔以下で釘打ちしたものは耐力壁となる。

(3)　圧縮力を負担する木材の筋かいは，厚さ3cm以上，幅9cm以上とする。

(4)　筋かいと間柱が交差する箇所では，間柱を優先させ筋かいを切り欠く。

10　木構造の部材と，その部材に生じる力または関係する部材の強さの組合せとして，最も関係の少ないものの番号に×をつけなさい。

(1)　柱　————　軸方向力

(2)　間柱　————　土台のめり込み強さ

(3)　筋かい　————　軸方向力

(4)　小屋梁　————　曲げ強さ

11 建築材料に関する次の記述で，誤っているものを一つ選び，その番号に×をつけなさい。

(1) グラスウールは断熱性があり，住宅の断熱材として外周壁や小屋裏に設ける。

(2) 住宅屋根用化粧スレートは，セメントとガラス繊維を主原料とし圧縮成形したもので，温度変化による伸縮は少ない。

(3) 網入り板ガラスは，割れても飛散しにくいため，防火上効果がある。

(4) 金属板平板葺きでは，金属板の継目は雨が漏れないように，はんだづけする。

12 次の部材と部位の組合せで，最も不適切なものの番号に×をつけなさい。

(1) 胴縁 ——— 天井

(2) 額縁 ——— 開口部

(3) 踏板 ——— 階段

(4) 根太 ——— 床

13 木造建築物で部材名と使用する場所において，それぞれ関係の深い部材の組合せで，最も不適切なものの番号に×をつけなさい。

(1) 鼻隠 ——— 広小舞 ——— 破風板 ——— よど

(2) 根がらみ貫 ——— さお縁 ——— 野縁 ——— 吊木

(3) 畳寄せ ——— 付けかもい ——— なげし ——— 回り縁

(4) 母屋 ——— 棟木 ——— 隅木 ——— 垂木

14 建具金物に関する次の記述のうち，誤っているものを一つ選び，その番号に×をつけなさい。

(1) クレセントは，アルミニウム合金製の引違い戸などの召し合わせ部に付ける戸締まり用の金物である。

(2) フランス落としは，片開き扉に用いられる金物である。

(3) 戸車は，引戸などの開閉を円滑にするために，その建具の下かまちに取り付ける車である。

(4) ドアチェックは，開き扉をあけて手を放すと自動的に閉じる装置で，扉の上部に取り付けられる。

15 木造枠組壁構法に関する次の記述で，誤っているものを一つ選び，その番号に×をつけなさい。

(1) 継手および仕口は，突付けまたは胴付きとし，乱に配置する。

(2) 寸法形式「204」の断面の大きさは，未乾燥材で 60 mm × 120 mm である。

(3) 耐力壁の上部には，上枠と同じ断面寸法の頭つなぎを設ける。

(4) 設計図書に 2-CN90E と示されているときは，CN90 の釘を 2 本，木口打ちにする。

第3章　鉄筋コンクリート構造

1　構造の特徴と構造形式

┌─**ここで学びたいことがら**──────────────────────
　構造の特徴　　鉄筋　　コンクリート　　ラーメン構造　　壁式構造　　躯体　　柱　　梁
　基礎　　床スラブ　　屋根スラブ
└──────────────────────────────────────

1　構造の特徴　次の記述で，正しいものには○，誤っているものには×を〔　　〕内に記入しなさい。

〔　　〕(1)　鉄筋コンクリート構造は，鉄筋を組み，型枠で囲み，その中にコンクリートを流し込んでつくる一体式構造である。

〔　　〕(2)　地震や風の力を受けても躯体の変形は小さい。

〔　　〕(3)　熱に強いコンクリートが熱に弱い鉄筋を保護するので，耐火性に富む建築物になる。

〔　　〕(4)　酸性のコンクリートが鉄筋を腐食するので，耐久性には限度がある。

〔　　〕(5)　型枠に流動性のあるコンクリートを流し込んでつくるので，自由な形の建築物ができる。

〔　　〕(6)　鉄筋コンクリートは質量が大きいので，遮音性にすぐれている。

〔　　〕(7)　コンクリートは強度が高いので，比較的小さな断面で部材をつくることができる。

〔　　〕(8)　コンクリートは，短時間で固まって所定の強度を発生させる。このため工事期間は短くてすむ。

〔　　〕(9)　解体するときには，振動や騒音が発生しやすい。

2　構造形式　①，②の構造形式名と③〜⑩の部位名を解答欄に記入しなさい。

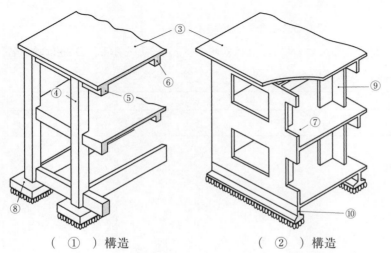

（　①　）構造　　　　　（　②　）構造

解　答　欄	
①	
②	
③	
④	
⑤	
⑥	
⑦	
⑧	
⑨	
⑩	

2 鉄筋

─**ここで学びたいことがら**─

異形鉄筋　丸鋼　溶接金網　呼び名　種類の記号　鉄筋の表示

1　鉄筋の種類　〔A〕〜〔D〕群の表示で，関連するものを線で結びなさい。

〔A群（鉄筋の名称）〕　〔B群（記号）〕　　　〔C群（図）〕　　　　　　〔D群（呼び名）〕

① 丸鋼　　・　　・③ SR・　・⑤ 　　　　　　　　　　　　・　　・⑦ φ16，φ19

② 異形鉄筋・　　・④ SD・　・⑥ 　　　　　　　　　　　　・　　・⑧ D16，D19

2　鉄筋の種類による特徴　次の記述で，異形鉄筋の特徴を示したものには A，丸鋼の特徴を示したものには B を〔　〕内に記入しなさい。

〔　〕(1)　表面が滑らかで円形の断面をしている。

〔　〕(2)　円形の断面ではあるが，表面に凹凸がある。

〔　〕(3)　呼び名で表され，たとえば公称直径 9.53 mm のものは D10 とよぶ。

〔　〕(4)　直径で表示され，たとえば直径 16 mm のものは φ16 と示す。

〔　〕(5)　そのままでも，コンクリートと一体化させやすいので多く用いられている。

〔　〕(6)　コンクリートと一体化させるように，鉄筋の端部を加工することが多い。

〔　〕(7)　8種類の直径のものが，おもに使用される。

〔　〕(8)　直径により 16 の種類がある。

3　鉄筋の品質と表示　次の文章の（　）内に，適切な語句を記入しなさい。

(1)　鉄筋の種類の記号 SD 345 のうち，SD は（　①　）であることを示し，345 は JIS で規定された（　②　）の下限値を示している。

(2)　SR 235 のうち，SR は（　③　）であることを示している。

(3)　鉄筋の表示記号が 3-D25 となっている場合，3 は鉄筋の（　④　）を示し，D 25 は呼び名 25 の異形鉄筋を用いることを示している。

解　答　欄			
①	②	③	④

3 コンクリート

┌─**ここで学びたいことがら**─────────────────────┐
　セメント　　モルタル　　骨材　　フレッシュコンクリート　　ワーカビリティー
　スランプ　　分離　　ブリーディング　　水セメント比　　調合　　混和剤
　レディーミクストコンクリート　　コンクリートの種類　　コンクリート製品
└──────────────────────────────────────┘

1 コンクリートの構成材料　次の文章の（　）内に，適切な語句を記入しなさい。

(1)　コンクリートは，（　①　）と（　②　），一般に砂と
いわれる（　③　），砂利といわれる（　④　）からつく
られる。このうち，①と②を練り混ぜたものを（　⑤　）
という。これに③を加えると（　⑥　）になる。さらに，
④を加えるとコンクリートになる。

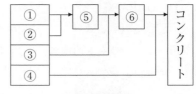

構成材料

解　答　欄			
①	②	③	④
⑤	⑥		

2 セメント　次の記述で，正しいものには○，誤っているものには×を〔　〕内に記入しなさい。

〔　　〕(1)　凝結とは，セメントが水和作用によって，しだいに流動性を失い，固体になる初期の現象をいう。

〔　　〕(2)　セメントの粉末度が微細なほど，強度の発生は遅くなる。

〔　　〕(3)　水硬性とは，セメントと水が化学反応を起こして硬化進行する性質をいう。

〔　　〕(4)　普通ポルトランドセメントは，最も一般的なセメントで，多くのコンクリート工事で使用されている。

〔　　〕(5)　短期間で強度が得られる早強ポルトランドセメントは，水和熱が小さい。

〔　　〕(6)　中庸熱ポルトランドセメントは，水和熱が小さいのでひび割れが少ない。

3 骨材　次の記述で，正しいものには○，誤っているものには×を〔　〕内に記入しなさい。

〔　　〕(1)　細骨材は，5 mm の網ふるいを質量で 50 ％以上通るものをいう。

〔　　〕(2)　粒形は，丸みのある球形に近いものがよい。

〔　　〕(3)　良好な粒度分布とは，骨材の大きさがなるべくそろった状態をいう。

〔　　〕(4)　単位容積質量は，骨材間の空隙を含んだ質量により求める。

〔　　〕(5)　川砂，川砂利は採取量が制限されているので，砕石，砕砂の使用が増えている。

4 コンクリート 次の文章の（　　）内に，適切な語句を記入しなさい。

(1) コンクリートを打ち込むとき，セメントや砂利など構成材料が分かれて不均一になる現象を（　①　）という。また，練混ぜ水の一部がコンクリートの上面に上昇する現象を（　②　）といい，このときコンクリートの上面に微細な物質の層ができるが，これを（　③　）という。

(2) 骨材中の成分がセメントペーストに含まれる成分と化学反応を起こして水分を吸収し，骨材が膨張する現象を（　④　）反応といい，硬化したコンクリートの表面にひび割れが生じる。

(3) 空気中の二酸化炭素などにより，コンクリートのアルカリ性が失われることを（　⑤　）といい，この現象が鉄筋まで達すると，鉄筋がさびて膨張し，コンクリートにひび割れが生じる。

(4) 右図は，コンクリートのスランプ試験のようすを示したものである。この結果，スランプ値として示す値は（　⑥　）cm となる。

(5) コンクリートの強さは材齢（　⑦　）日の（　⑧　）強度で判定する。

(6) コンクリートに混ぜる水の量はセメントに対する水の質量比で表す。（　⑨　）といい，コンクリートの強度に影響する。

(7) コンクリートの打込み作業の難易度を（　⑩　）といい，良否で示される。

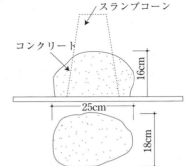

解 答 欄				
①	②	③	④	⑤
⑥	⑦	⑧	⑨	⑩

5 レディーミクストコンクリート 次の文章の（　　）内に適切な語句を記入しなさい。

(1) コンクリート製造工場でつくり，（　①　）で現場に運搬される（　②　）のことをレディーミクストコンクリートといい，（　③　）ともよぶ。

(2) レディーミクストコンクリートの呼び方は，5項目で示される。

| 呼び方の例 普通 21 18 20 N |

上記の場合，普通は（　④　），21は（　⑤　），18は（　⑥　），20は（　⑦　），Nは（　⑧　）を表している。

(3) 高強度コンクリートは，設計基準強度が（　⑨　）N/mm^2 を超えるコンクリートをいい，（　⑩　）を小さくし強度を高めるが，流動性が悪くなるので，（　⑪　）を用いる。

解 答 欄			
①	②	③	④
⑤	⑥	⑦	⑧
⑨	⑩	⑪	

4 基礎

ここで学びたいことがら

直接基礎　　杭基礎　　独立基礎　　連続基礎　　べた基礎　　支持杭　　摩擦杭
コンクリート杭　　鋼杭

1 基礎の形式 図の基礎の名称を名称欄に記入しなさい。また，特徴を記述した語群から該当する記号を選んで特徴欄に記入しなさい。

(1) 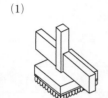　(2) 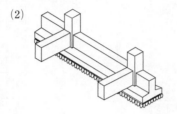　(3)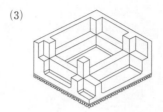

	(1)	(2)	(3)
名称			
特徴			

【語群】　A：基礎底面が著しく広くなる場合に用いる。
　　　　　B：建築物の外周または壁下の基礎に用いる。
　　　　　C：一つの柱の荷重を一つの基礎スラブで支持する場合に用いる。

2 直接基礎と杭基礎 次の記述で，正しいものには○，誤っているものには×を〔　　〕内に記入しなさい。

〔　　〕(1)　基礎の形式や形状は，建築物の形式や荷重の大きさ，地耐力の大きさにより決める。

〔　　〕(2)　地階がある建築物には，独立基礎が適している。

〔　　〕(3)　建築物が重く，地耐力が小さい場合には，杭基礎を用いる。

〔　　〕(4)　支持杭は，杭の先端を硬い地盤に打ち込み，先端が接する地盤の抵抗で支える。

〔　　〕(5)　摩擦杭は，周囲の土と杭の接触面に生じる摩擦力で支えるが，硬い地盤が浅い場合に用いると効果的である。

〔　　〕(6)　既製コンクリート杭は，工場生産された杭で中空円筒形のものが一般的である。

〔　　〕(7)　場所打ちコンクリート杭は，工事現場内で杭をつくり，それを所定の位置に運び打ち込む。

〔　　〕(8)　地中は水分が多いので，杭の材料に鋼は用いない。

〔　　〕(9)　鉄筋コンクリート構造においても，冬季に地下が凍結する深さより基礎底面を深くしておく。

5 躯体

―ここで学びたいことがら―

| 柱 梁 スラブ 壁 階段 耐震 免震 耐震補強 主筋 あばら筋 |
| 帯筋 付着 定着 あき かぶり厚さ 継手 |

1 躯体の構成 下図に示すラーメン構造の構成部材の名称を解答欄に記入しなさい。

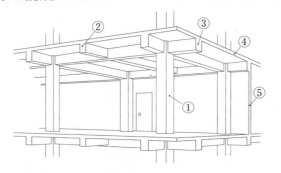

解 答 欄	
①	
②	
③	
④	
⑤	

2 柱・梁 次の文章の（ ）内に，適切な語句を記入しなさい。

(1) 柱の断面は，あらゆる水平方向からの地震力に抵抗できるように（ ① ），長方形，円形にすることが多い。また，柱に生じる鉛直荷重は下階にいくほど大きくなるので，断面もこれに応じて上階よりも下階を（ ② ）くする。一般に，階高が4mで大梁のスパンが6m前後の場合，最上階の柱断面の最小径を（ ③ ）cm程度にすることが多い。

(2) 大梁は，（ ④ ）と一体に構成され，床の鉛直荷重を支え地震などの水平力にも抵抗する。大梁の断面は長方形にすることが多いが，構造設計では（ ④ ）を含めて（ ⑤ ）字形あるいはL字形とみなして計算することが多い。スパンが6m前後の場合，梁せいはスパンの1/（ ⑥ ）程度，梁幅は梁せいの1/（ ⑦ ）程度とすることが多い。

(3) 梁に生じる（ ⑧ ）とせん断力は，中央部より端部のほうが（ ⑨ ）いので，端部の梁せいを大きくするために傾斜をつけて調整する部分を（ ⑩ ）という。

解 答 欄				
①	②	③	④	⑤
⑥	⑦	⑧	⑨	⑩

■豆知識■

日本で最初の鉄筋コンクリート構造の建築物は？ 神戸和田岬の東京倉庫株式会社D号棟倉庫（設計：白石直治 1906年）であるといわれている。現存しているものとしては，横浜にある三井物産横浜支店1号館（設計：遠藤於菟 1911年）がある。4階建で地下があり，白いタイルが張られている。なお，世界遺産にも登録されている長崎県の端島には，日本で最初の鉄筋コンクリート構造の集合住宅（1916年）といわれる遺構が残っている。

3 耐震計画　次の記述で，正しいものには○，誤っているものには×を，〔　〕内に記入しなさい。

〔　〕 (1)　上・下階の柱は，平面的に位置が重ならないように配置する。

〔　〕 (2)　柱と非耐力壁との間に隙間を設けて縁を切り，柱が破壊されないようにする。

〔　〕 (3)　耐力壁は，平面的に縦・横両方向にバランスよく配置する。

〔　〕 (4)　耐力壁は，上下階で位置をずらして配置する。

〔　〕 (5)　耐力壁は，下階よりも上階のほうが多くなるように配置する。

〔　〕 (6)　構造規模や形式などの異なる構造が接続する建築物では，その接続部分が地震などで破壊されやすいので，その接続部分にエキスパンションジョイントを設ける。

〔　〕 (7)　制震構造とは，地盤に直接支持されている基礎と建物の上部との縁を切ることにより，地震による建物の揺れを減らす構造である。

〔　〕 (8)　耐震補強には，鉄筋コンクリート構造の耐震壁や鋼製ブレースを増設したり，高強度の連続繊維シートを柱に巻き付けたりする方法がある。

4 鉄筋の付着・定着・継手　次の記述の（　）内に，語群から適切な語句を選んで記入しなさい。

(1)　鉄筋コンクリート構造では，柱・梁などの構造部材が荷重に耐えるためには，鉄筋とコンクリートとが一体となるように密着していなければならない。これを（　①　）という。

(2)　柱・梁（基礎梁を除く）の（　②　）部分の鉄筋や帯筋，あばら筋の端部にはフックをつける。なお，丸鋼の場合は端部に必ずフックを付ける。

(3)　フックの折曲げ角度には180°，135°，90°があり，折曲げ角度によって（　③　）の長さが違い，鉄筋の径によって折曲げ内法直径も違う。

(4)　鉄筋の定着長さは，コンクリートの設計基準強度が（　④　）いほど短くなる。また，フック付き定着長さは，直線定着長さよりも（　⑤　）くできる。

(5)　大梁の主筋を，柱内部にフック付き定着をする場合の定着長さには，フック部分の鉄筋の長さは（　⑥　）。

(6)　鉄筋の継手を設ける位置は，鉄筋に生じる引張力の（　⑦　）いところとし，ガス圧接継手を用いる場合の継手の位置は，同一断面上とせず（　⑧　）mm以上ずらす。

【語群】　フック　余長　密着　付着　入隅　出隅　300　400
　　　　高　低　長　短　含まない　含まれる　大き　小さ

解 答 欄			
①	②	③	④
⑤	⑥	⑦	⑧

5　鉄筋のあきとかぶり厚さ　次の記述の（　）内に，適切な語句を記入しなさい。

(1)　鉄筋と鉄筋の隙間のことを（　①　）といい，図の（　②　）の寸法で示される。これは，鉄筋の周囲を隙間なく（　③　）で固め一体とするためにとられ，粗骨材の（　④　）寸法と鉄筋径により決められるが，最小でも（　⑤　）mm 以上とらなければならない。

(2)　鉄筋のかぶり厚さは，図の（　⑥　）の寸法で示される。これは火熱やコンクリートの中性化の影響が，（　⑦　）に及ばないようにするためと，鉄筋とコンクリートの（　⑧　）力を確保するためにとられる。また，構造部材ごとに設計かぶり厚さが規定されているが，計画供用期間の級が標準のコンクリートでは，屋内の柱や梁では（　⑨　）cm 以上，屋内の床スラブでは（　⑩　）cm 以上となっている。

解　答　欄				
①	②	③	④	⑤
⑥	⑦	⑧	⑨	⑩

6　梁・柱の配筋　①〜⑦の部材に該当する名称を解答欄に記入しなさい。

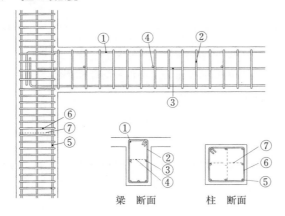

梁　断面　　柱　断面

解　答　欄	
①	
②	
③	
④	
⑤	
⑥	
⑦	

7　スラブ・壁　次の文章の（　）内に，適切な語句を記入しなさい。

(1)　一般に床スラブは，4辺を梁で支持された周辺固定スラブが用いられ，厚さは（　①　）cm 程度にすることが多い。バルコニーでは1辺のみを固定した（　②　）スラブが用いられることがあり，引張鉄筋はスラブの（　③　）に配置する。

(2)　耐力壁の壁厚は（　④　）cm 以上とし，なるべく開口部を設けないようにする。また，非耐力壁の外周壁の壁厚は，一般に（　⑤　）cm 以上とする。壁の補強鉄筋は D10 とし，縦・横とも 15 cm〜30 cm 間隔で配筋する。

解　答　欄				
①	②	③	④	⑤

6 仕上げ

―ここで学びたいことがら―

外部仕上げ　内部仕上げ　開口部　防水　断熱　金属製骨組　天井仕上げ

壁仕上げ　床仕上げ　造作

1 陸屋根の防水　次の図は，屋上のアスファルト防水（外断熱の例）である。図の①～⑤に該当する名称を語群から選んで記入しなさい。

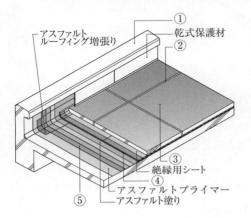

アスファルト
ルーフィング増張り

乾式保護材
①
②

絶縁用シート
③
④
アスファルトプライマー
⑤
アスファルト塗り

【語群】

断熱材

アスファルトルーフィング

成形伸縮目地材

笠木

押えコンクリート

解　答　欄	
①	
②	
③	
④	
⑤	

2 外部仕上げ　次の記述に該当する仕上げの名称を，語群の A～D の中から選び〔　　〕内に記号を記入しなさい。

〔　　〕(1) 引金物とモルタルを用いて取り付ける方法と，専用の金物を用いる方法がある。

〔　　〕(2) 自由な形状に仕上げることができるが，ひび割れがはいりやすく，躯体との接着が悪いとはがれることがある。

〔　　〕(3) 構造材として用いられていたが，現在は化粧材で壁の表面に張り付けることが多い。

〔　　〕(4) 躯体に，直接，張付けモルタルを接着材として張り付ける方法もある。

【語群】　A：モルタル塗　　B：タイル張り　　C：石張り　　D：れんが張り

3 内部仕上げ　次の記述で，正しいものには○，誤っているものには×を〔　　〕内に記入しなさい。

〔　　〕(1) 浴室の床に用いるタイルは，吸水性が小さく摩耗しにくいⅢ類タイルがよい。

〔　　〕(2) 衝撃を吸収するビニル床材やカーペットは，歩行音が発生しにくい。

〔　　〕(3) 合成樹脂調合ペイントはアルカリに弱いので，モルタルやコンクリートの表面には使用しない。

〔　　〕(4) 躯体に合板やボード類を張り付けるには，躯体に取り付けた胴縁に釘止めをしたり，接着剤を用いて直接せっこうボードを張り付ける方法がある。

〔　　〕(5) 壁にせっこうボードを張るときには，床スラブと隙間をあけないように張る。

4 内壁・天井の鋼製下地骨組　次の①〜⑦の部材名称を解答欄に記入しなさい。

(1)　内壁の骨組

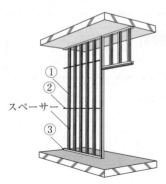

スペーサー

(2)　天井の骨組

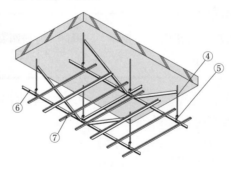

解　答　欄	
①	
②	
③	
④	
⑤	
⑥	
⑦	

5 各種の仕上げ　次の文章の（　　）内に，適切な語句を記入しなさい。

(1)　メンブレン防水にはアスファルト防水以外に，1層のルーフィングシートで防水する（　①　）防水，合成ゴムなどの液体状屋根用塗膜防水剤を塗布するか，吹き付けて防水被膜を形成し防水する（　②　）防水などの方法がある。

(2)　外壁の断熱には外断熱と内断熱があるが，コンクリート躯体の蓄熱性を利用でき室内温度の変化の影響を少ない環境を実現できるは（　③　）断熱である。

(3)　外壁コンクリートの表面に仕上げを施さず，そのまま仕上面とする方法をコンクリート（　④　）仕上げという。

(4)　外壁のタイルの目地には（　⑤　）目地と破れ目地などがあるが，縦・横ともに格子状に通った目地を（　⑤　）目地という。

(5)　（　⑥　）材は，合成樹脂や合成ゴムでつくられた充填剤で，目地や開口部まわりなどの部材接合部の隙間に充填し，雨水の浸入を防ぎ，気密性を高め，隙間を防ぐ。

(6)　二重床には，床スラブの上に（　⑦　）や根太を取り付け，その上に下張り床と床板を張る転ばし床と，床スラブの上に合板などのパネルに支持脚を取り付けたユニットを敷き並べ，その上に下張り床と仕上材を張る（　⑧　）二重床などがある。

(7)　内壁の仕上げが，せっこうプラスターなど欠けやすい材料である場合，出隅部分には（　⑨　）を取り付けて保護する。

(8)　階段の踏面は，同じ場所が繰り返し踏まれることが多く，その箇所の摩耗が著しい。とくに踏面端部である（　⑩　）では，耐摩耗性が要求される。

解　答　欄				
①	②	③	④	⑤
⑥	⑦	⑧	⑨	⑩

7　壁式構造　　**8**　プレストレストコンクリート構造

┌─**ここで学びたいことがら**─────────────────────────┐
　壁式鉄筋コンクリート構造　　壁式プレキャスト鉄筋コンクリート構造
　補強コンクリートブロック構造とその塀　　プレストレストコンクリート構造
└───────────────────────────────────┘

1　壁式鉄筋コンクリート構造　次の記述で，正しいものには○，誤っているものには×を〔　〕内に記入しなさい。

〔　　〕(1)　壁とスラブを一体に構成する形式で，室内に柱や梁が突き出ないので，室内空間の利用の上からもつごうがよい。

〔　　〕(2)　共同住宅によく用いられ，地上階数は6階以下とする。

〔　　〕(3)　耐力壁に用いる縦筋と横筋はD10以上とし，配筋間隔は45cm以下とする。

〔　　〕(4)　平屋の耐力壁の厚さは，12cmかつ屋根スラブと床スラブとの鉛直支点間距離の$\frac{1}{25}$以上にする。

〔　　〕(5)　耐力壁となる壁の長さは，同一実長を有する部分の高さの30%かつ45cm以上ある壁の部分の長さをいう。

2　壁式鉄筋コンクリート構造の壁量　下図のような平面をもつ壁式鉄筋コンクリート構造の建築物において，x方向の壁量に最も近い値は次のうちどれか。ただし，階高は3m，壁厚は12cmとし，同一実長を有する部分は，高さの30%以上あるものとする。

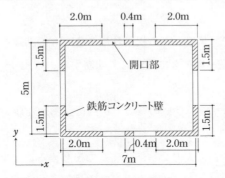

①　17.1 cm/m²
②　22.9 cm/m²
③　25.1 cm/m²
④　34.3 cm/m²
⑤　40.0 cm/m²

3　壁式プレキャスト鉄筋コンクリート構造　次の文章の（　）内に，適切な語句を記入しなさい。

(1)　あらかじめ工場などで，壁や床となる（　①　）構造のプレキャストパネルをつくり，現場で組み立てる構造で，一般に（　②　）階以下，軒高は（　③　）m以下とする。

(2)　プレキャストパネルの接合は，機械式継手や溶接，（　④　）ボルトなどで緊結し，その隙間には（　⑤　）またはコンクリートを充填して仕上げる。

解　答　欄				
①	②	③	④	⑤

4 補強コンクリートブロック構造　次の記述で，正しいものには○，誤っているものには×を〔　〕内に記入しなさい。

〔　　〕 (1) 空洞コンクリートブロックの大きさは高さ19 cm，長さ39 cm，目地幅1 cmのものが多い。

〔　　〕 (2) ブロックは厚さにより，A (08)，B (12)，C (16)，D (20) の4種類がある。

〔　　〕 (3) 目地は芋目地とし，目地塗面の全部をモルタルで接着・組積する。

〔　　〕 (4) 耐力壁の頂部をそろえ屋根や床仕上げを施しやすくすることをおもな目的として，鉄筋コンクリート構造の臥梁を設ける。

〔　　〕 (5) 壁量とは，各階において梁間および桁行方向別に耐力壁の長さの合計を求め，その階の壁量算定用床面積で割った値をいう。

〔　　〕 (6) 床・屋根が鉄筋コンクリート構造スラブの場合は，耐力壁の中心線で分割される床面積は60 m^{2}以下とする。

〔　　〕 (7) 平屋の耐力壁の厚さは，12 cmかつブロック積み部分の高さの$\frac{1}{20}$以上とする。

5 補強コンクリートブロック構造の塀　次の記述で，正しいものには○，誤っているものには×を〔　〕内に記入しなさい。

〔　　〕 (1) 塀の高さを地盤面から3 m以下とする。

〔　　〕 (2) ブロックの厚さを，塀の高さが2 m以下の場合は10 cm以上，2 mを超える場合には15 cm以上とする。

〔　　〕 (3) 塀の高さが1.2 mを超えたので，控壁を設ける。

〔　　〕 (4) 塀の高さが1.2 mを超えたので，地盤面から根入れ深さ20 cmの基礎を設ける。

〔　　〕 (5) 壁の内部には，D10の鉄筋を縦・横ともに80 cmで配筋する。

6 プレストレストコンクリート構造　次の文章の（　）内に，適切な語句を記入しなさい。

(1) 鉄筋コンクリート構造の梁の引張側に，あらかじめ（　①　）力を与えることをプレストレスといい，この原理を利用した構造をプレストレストコンクリート構造という。

(2) プレストレスを与える方法は2種類あり，PC鋼線にあらかじめ引張力を与えておいてコンクリートを打ち込む（　②　）方式と，コンクリートが硬化したあとPC鋼線を緊張し（　③　）を圧入して固める（　④　）方式がある。

(3) プレストレストコンクリート構造の梁は，曲げによる（　⑤　）の発生をおさえ，たわみを小さくすることができ，大スパンの構造物をつくることができる。

解　答　欄				
①	②	③	④	⑤

章 末 問 題

1 鉄筋コンクリート構造の構造材料に関する次の記述で，誤っているものを一つ選び，その番号に×をつけなさい。
(1) 鋼材のヤング係数は，鋼材の種類によって変化しない。
(2) セメントは水と反応して硬化するが，この性質はしっくいと同じである。
(3) セメントの粉末が微細なほど，強度発生は早くなる。
(4) コンクリートの強度は材齢28日の標準試験による圧縮強度で表す。

2 コンクリートの性質に関する次の記述で，誤っているものを一つ選び，その番号に×をつけなさい。
(1) セメントは風化すると，密度が低くなる。
(2) AE剤は，ブリーディングを減少させるのに効果がある。
(3) コンクリートは，スランプの小さいものほど，分離しやすい。
(4) ワーカビリティーは，施工の難易度を示すもので，良否で表される。

3 コンクリートに関する次の記述で，誤っているものを一つ選び，その番号に×をつけなさい。
(1) 水セメント比が大きいほど，圧縮強度は大きくなる。
(2) レディーミクストコンクリートには，普通コンクリート・軽量コンクリート・高強度コンクリート・舗装コンクリートの4種類がある。
(3) 軽量コンクリート1種の気乾単位容積質量は$2.1\,\mathrm{t/m^3}$以下である。
(4) 普通エコセメントは，清掃工場からでる焼却灰などの廃棄物をリサイクルしてつくる。

4 梁に関する次の記述で，誤っているものを一つ選び，その番号に×をつけなさい。
(1) 梁は上下に主筋を入れ，全スパンにわたり複筋梁とする。
(2) 梁のあばら筋は，せん断力に抵抗するため，中央部に多く配置する。
(3) ラーメン構造の梁に長期荷重が作用する場合には，一般に梁中央部の下側に引張力が生じる。
(4) 梁せいが大きい場合，あばら筋の振れ止め，はらみ止めとして，腹筋と幅止め筋を設ける。

5 柱に関する次の記述で，誤っているものを一つ選び，その番号に×をつけなさい。
(1) 柱は，軸方向の圧縮力，曲げモーメントおよびせん断耐力に耐えられるように配筋する。
(2) 柱と梁の仕口部にも帯筋を配筋し，間隔は15cm以下とする。
(3) スパイラル筋は，フックのある帯筋より，強度と粘り強さを増す効果が小さい。
(4) 帯筋はせん断力に抵抗し，主筋の位置を固定し，主筋が外側にはらみ出すことを防止する。

6　柱の配筋に関する次の記述で，誤っているものを一つ選び，その番号に×をつけなさい。

　(1)　柱のせん断補強筋は，柱の上下端部より中央部の間隔を広くする。

　(2)　柱の帯筋をD10とした場合，上下端部の帯筋の間隔は15 cmとする。

　(3)　柱の主筋は，D13以上かつ4本以上とする。

　(4)　柱の出隅部の主筋では，異形鉄筋を使用しても鉄筋の末端部にフックをつける。

7　鉄筋のかぶり厚さと継手に関する次の記述で，誤っているものを一つ選び，その番号に×をつけなさい。

　(1)　設計かぶり厚さは，施工性や鉄筋の組立精度を考慮した余裕をもった数値である。

　(2)　太径の鉄筋を使用する場合は，かぶり厚さを大きくする必要がある。

　(3)　重ね継手の重ね長さには，フックの部分は含まれない。

　(4)　D32の異形鉄筋の継手には，重ね継手を用いてはならない。

8　床スラブに関する次の記述で，誤っているものを一つ選び，その番号に×をつけなさい。

　(1)　周辺固定スラブでは，周辺部では下側に，中央部では上側に引張力が生じる。

　(2)　スラブ中央部の引張鉄筋の間隔は，短辺方向で20 cm以下とする。

　(3)　鉄筋は，D10以上の異形鉄筋を使用する。

　(4)　床スラブは，床の鉛直荷重を梁に伝えるほか，梁と一体化となり地震力などの水平力に抵抗する堅固な水平面を構成する役割がある。

9　耐力壁に関する次の記述で，誤っているものを一つ選び，その番号に×をつけなさい。

　(1)　耐力壁には，地震力によりせん断力が生じるので，縦・横格子状に鉄筋を配筋する。

　(2)　耐力壁は，建物の重心と剛心との距離ができるだけ大きくなるように配置する。

　(3)　耐力壁に開口部を設けた場合は，開口部の周囲と隅部を，D13以上の鉄筋で補強する。

　(4)　壁厚が200 mm以上になる場合には，複筋式の配筋とする。

10　仕上げに関する次の記述で，誤っているものを一つ選び，その番号に×をつけなさい。

　(1)　大理石は酸に弱く耐火性が劣り風化しやすく，外壁にはやや不向きである。

　(2)　外壁に張り付けるタイルは，吸水性を考慮してⅠ類タイルか，Ⅱ類タイルを用いる。

　(3)　外部仕上げにモルタルを用いる場合には，塗厚12 mm〜30 mm程度で仕上げることが多い。

　(4)　ワーキングジョイントの目地にシーリング材を充填する場合は，3面接着とする。

第4章　鋼構造

1　構造の特徴と構造形式

```
―ここで学びたいことがら―
 構造の特徴　　ラーメン構造　　ブレース構造　　平面トラス　　立体トラス
 張弦梁構造　　吊構造
```

1　構造の特徴　次の記述で，正しいものには○，誤っているものには×を〔　　〕内に記入しなさい。

〔　　〕(1)　鋼材は強度が高く粘り強いので，小さな断面の部材でも大きな荷重に耐える。

〔　　〕(2)　骨組は工事現場で加工することが多いので，工事現場に加工設備が必要となる。

〔　　〕(3)　鋼材は工場生産されるので，品質や精度が安定している。

〔　　〕(4)　骨組は地震だけでなく，積雪や風の影響を受けやすい。

〔　　〕(5)　鋼材は熱に強いが，さびやすいので塗料を塗って保護する。

〔　　〕(6)　細長い部材を組み合わせて骨組をつくるので，骨組全体が外力により変形しやすい。

〔　　〕(7)　鋼材には規格寸法があるので，部材を接合する位置には制約がある。

2　構造形式　次の文章は図に示すラーメン構造とブレース構造について述べたものである。ラーメン構造の記述にはA，ブレース構造の記述にはBを〔　　〕内に記入しなさい。

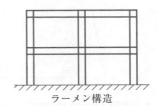

ラーメン構造

〔　　〕(1)　細長い部材の組合せで，骨組を構成することが多い。

〔　　〕(2)　柱や梁には，比較的大きな断面の鋼材を使用する。

〔　　〕(3)　鋼材の使用量は多くなるが，加工に手間がかからない。

〔　　〕(4)　外力が働いたとき，柱と梁および筋かいが協力して骨組の変形を防ぐ。

ブレース構造

〔　　〕(5)　柱と梁を剛強に接合した構造なので，部材に曲げモーメントが生じる。

■**豆知識**■

鋼構造のはじまり　　鉄製構造物のはじまりは，1779年にイギリスで架けられた橋（アイアンブリッジ）とされているが，材料は鋼ではなく鋳鉄だった。硬くもろい鋳鉄から炭素や不純物を抜いていくと，現在用いられているような粘り強い鋼になるが，当時の技術ではこれが困難であった。ベッセマーが製鋼法を19世紀半ばに開発し，その後，鋼が本格的に生産されるようになった。骨組全体を鋼製とした建築物の登場は19世紀末で，今からわずか100有余年前のことである。

2 鋼と鋼材

┌─**ここで学びたいことがら**──────────────────────────

炭素鋼　　軟鋼　　ステンレス鋼　　ヤング係数　　弾性　　塑性　　降伏点　　引張強さ

形鋼　　鋼板　　鋼管　　鋼材の寸法表示　　構造用鋼材の種類　　鋼材の規格
└───

1　鋼　次の記述で，正しいものには○，誤っているものには×を〔　　〕内に記入しなさい。

〔　　〕(1)　硬質で強度が高い鋼は，炭素量が多い。

〔　　〕(2)　建築物の骨組に用いられる鋼は，最硬鋼である。

〔　　〕(3)　鋼の融点は 800 ℃前後である。

〔　　〕(4)　線膨張係数は，鋼とコンクリートはほぼ同じである。

〔　　〕(5)　鋼に多量のニッケルやクロムを加えるとステンレス鋼になる。

2　鋼の機械的性質　下図は，鋼の引張試験の引張応力度とひずみ度の関係を示した図である。
①～⑥の点の名称を，解答欄に記入しなさい。

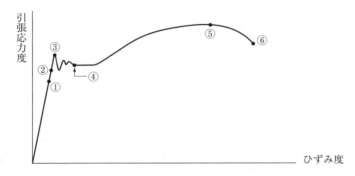

解　答　欄	
①	
②	
③	
④	
⑤	
⑥	

3　鋼材の寸法表示　次の断面寸法を表示する記号で，(1)(2)のそれぞれ①～④に該当する数値を解答欄に記入しなさい。

(1)　H‐175 × 90 × 5 × 8

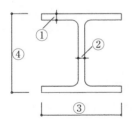

解　答　欄	
①	
②	
③	
④	

(2)　〔‐100 × 50 × 20 × 2.3

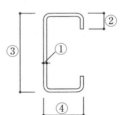

解　答　欄	
①	
②	
③	
④	

4　構造用鋼材　例にならい，鋼材の種類に相当する記号を記入しなさい。

(例)　一般構造用炭素鋼鋼管	STK	(3)　溶接構造用圧延鋼材	
(1)　建築構造用圧延鋼材		(4)　一般構造用軽量形鋼	
(2)　一般構造用圧延鋼材		(5)　一般構造用角形鋼管	

③ 鋼材の接合

―ここで学びたいことがら―

高力ボルト　ボルト　溶接　高力ボルト摩擦接合　ゲージライン　ピッチ
孔径　縁端距離　アーク溶接　溶接継手　溶接継目　完全溶込溶接
隅肉溶接　グルーブ　スカラップ　溶接記号

1 接合の特徴 次の高力ボルト・ボルト・溶接についての記述で，正しいものには○，誤っているものには×を〔　〕内に記入しなさい。

高力ボルト	〔　〕	(1) 支圧接合が最も多く用いられる。
	〔　〕	(2) ボルトの頭が半球状になったものも使う。
	〔　〕	(3) ボルトの締付け力の管理が大切になる。
ボルト	〔　〕	(4) せん断形式と引張形式がある。
	〔　〕	(5) 大規模な建築物の構造耐力上，主要な部分にも使用できる。
溶接	〔　〕	(6) アーク溶接が多く用いられる。
	〔　〕	(7) 接合部の形状が複雑になりやすい。
	〔　〕	(8) 所定の方法で施工しないと，接合部に欠陥が生じる。

2 高力ボルト接合 次の文章の（　）内に，適切な語句を記入しなさい。

(1) 引張強さがふつうのボルトの（　①　）倍以上もある高力ボルトの接合形式には，摩擦接合と（　②　）接合があり，特殊な接合として支圧接合もある。

(2) 高力ボルトで接合部を強く締め付けると，接合される部材間に（　③　）力が生じ，その結果，部材どうしをずらそうとすると（　④　）力が生じる。これを利用して応力を伝達させるのが，高力ボルト摩擦接合である。

(3) JIS形高力ボルトは，六角ボルト，六角ナット，（　⑤　）2枚が，1組のセットと規定されている。ボルトの耐力や（　⑥　）強さによりセットの種類が規定されているが，2種のセットの使用がほとんどである。

(4) トルシア形高力ボルトは，ボルトの（　⑦　）が破断することで，所定のボルト張力になっていることを確認できるので，建築工事で多く用いられている。JIS形高力ボルトの2種はF10Tとよばれるが，同じ性能のトルシア形高力ボルトは（　⑧　）とよぶ。

解　答　欄			
①	②	③	④
⑤	⑥	⑦	⑧

3 高力ボルト・ボルトの配置 次の記述で，正しいものには○，誤っているものには×を〔 〕内に記入しなさい。

〔 〕 (1) ゲージラインは，なるべく部材断面の図心を通る線にそろえる。

〔 〕 (2) ゲージライン間の距離をゲージという。

〔 〕 (3) 高力ボルトやボルトの軸部の径をピッチという。

〔 〕 (4) 同じ径のボルトを用いるときには，高力ボルトの孔径はボルトの孔径より小さくする。

〔 〕 (5) ボルト孔から部材縁端部までの距離を縁端距離といい，最小と最大の値に制限がある。

4 溶接の特徴 次の記述で，正しいものには○，誤っているものには×を〔 〕内に記入しなさい。

〔 〕 (1) 鋼構造では，アーク熱で接合部を溶かすアーク溶接が一般的である。

〔 〕 (2) 施工の良否は，あまり接合部の強さには影響を与えない。

〔 〕 (3) 全断面で力を伝達させる接合が可能である。

〔 〕 (4) 高力ボルトやボルトによる接合に比べ，使用する鋼材の量が多くなる。

〔 〕 (5) 溶接するときの熱で，部材の一部に変形が生じることがある。

5 溶接のしくみ 次の文章の（ ）内に，適切な語句を記入しなさい。

接合するそれぞれの鋼材を（ ① ）といい，接合する部分に溶接棒を近づけると（ ② ）が発生して高温になる。このとき，溶接棒の（ ③ ）が溶けるとともに鋼材も溶け合わさり，冷えて固まる。これを（ ④ ）金属といい，これを介して鋼材どうしを金属的に一体化させる。

解 答 欄			
①	②	③	④

6 溶接継手 図①～④の溶接継手の名称を解答欄に記入しなさい。

① ② ③ ④

解 答 欄			
①	②	③	④

■**豆知識**■

溶接は小さな太陽 溶接は数多くの種類があるが，建築工事では電極間に生じるアーク熱で金属を溶融して接合するアーク溶接が多く用いられる。アーク熱の温度は，5 000～20 000℃といわれ，鋼材が溶融する温度である約1500℃をはるかに上まわっている。アーク熱は，太陽の表面温度約6 000℃とほぼ同等またはそれ以上で，小さな太陽が溶接部に現れていることになる。

7　グループの形状　図①～③のグループ（開先）の名称を解答欄に記入しなさい。

①　②　③

解　答　欄		
①	②	③

8　溶接継目　次の文章の（　）内に，適切な語句を記入しなさい。

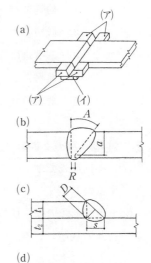

(1) 図(a)は完全溶込溶接である。溶接の始端と終端につける補助金物(ア)を（　①　）といい，母材全断面を健全な溶接部にするために用いる。また，(イ)を（　②　）といい，この金物を用いない場合には（　③　）を行い，欠陥を取り除いたあと，裏面から再度，溶接する。

(2) 図(b)の A を（　④　），a を（　⑤　）という。R は（　⑥　）といい，グループ底部の間隔を示す。

(3) 図(c)は（　⑦　）溶接である。s を（　⑧　）といい，板厚 t_1，t_2 の薄いほうの値以下とする。また，D を（　⑨　）といい，一般には，$D = s \times 0.7$ の値を用いる。

(4) 図(d)は（　⑩　）溶接である。この溶接は全断面を溶接しないので，継目の直角方向に（　⑪　）が作用したり，継目を軸とする（　⑫　）が作用する箇所には用いることはできない。

解　答　欄			
①	②	③	④
⑤	⑥	⑦	⑧
⑨	⑩	⑪	⑫

9　溶接記号　次の文章の（　）内に，適切な語句を記入しなさい。

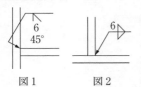

図1　図2

(1) 図1の溶接形状は完全溶込溶接で（　①　）形グループである。開先角度は（　②　）で，（　③　）は6mmである。

(2) 図2の溶接形状は両側連続（　④　）溶接で，（　⑤　）は6mmである。

解　答　欄				
①	②	③	④	⑤

4　基礎と柱脚

ここで学びたいことがら

独立基礎　　基礎梁　　柱脚　　埋込形式　　根巻形式　　露出形式　　ベースプレート

アンカーボルト

1　基礎　次の記述で，正しいものには○，誤っているものには×を〔　　〕内に記入しなさい。

〔　　〕(1)　均等スパンの建築物の基礎では，独立基礎を基礎梁でつなぐ形式が用いられる。

〔　　〕(2)　低層の大スパン建築物には，梁間方向に基礎梁を設けることが多い。

〔　　〕(3)　鋼構造は自重が軽く，柱1本あたりの荷重は小さくなるので，基礎は軽微でよい。

〔　　〕(4)　地耐力が不足するときには杭基礎を用いる。

〔　　〕(5)　鋼製の柱と基礎を固定するために，アンカーボルトを設ける。

2　柱脚　次の文章の（　　）内に，適切な語句を記入しなさい。

(1)　埋込形式では，柱を基礎に埋め込む深さを，柱径の（　①　）倍以上にする。また，柱に対するコンクリートのかぶり厚さは，柱径の（　②　）倍以上にする。

(2)　根巻形式では，柱の下部を柱径の（　③　）倍以上の高さまで鉄筋コンクリートで巻く。根巻きの鉄筋コンクリートの配筋は，（　④　）とせん断補強筋で構成され，頂部はせん断補強筋を密にする。

(3)　露出形式では，柱の下部に溶接した（　⑤　）を，コンクリートに埋め込んだアンカーボルトで固定する。アンカーボルトは，二重（　⑥　）にするなど戻り止めをする。アンカーボルトは引き抜かれないように（　⑦　）長さをじゅうぶんにとる。

解　答　欄			
①	②	③	④
⑤	⑥	⑦	

3　アンカーボルト　次の図の①〜⑥の部材に該当する名称を解答欄に記入しなさい。

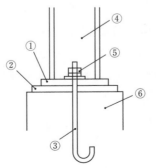

解　答　欄	
①	
②	
③	
④	
⑤	
⑥	

5 骨組

ここで学びたいことがら

ラーメン構造	ブレース構造	耐震計画	フランジ	ウェブ	スチフナー
座屈	継手	仕口	柱脚	デッキプレート	ALCパネル	耐火被覆

1 骨組の特徴　次の記述で，正しいものには○，誤っているものには×を〔　〕内に記入しなさい。

〔　　〕(1) 鋼材の特徴をいかし，大スパンや高層の建築物を建てやすい。

〔　　〕(2) 既製の形鋼を多用するので，形鋼の定尺長さに合わせて設計しなければならない。

〔　　〕(3) 骨組への地震の影響は大きいが，風や積雪の影響は少なく，とくに対策は考慮しなくてよい。

〔　　〕(4) 骨組の部材は工場製作されるので，現場作業が少なくなり，工期を短縮しやすい。

〔　　〕(5) 材料の強度が高いので部材は細くなりやすいが，細くしすぎると壊れないにしても変形が大きくなり，使用上の支障をきたすことがある。

2 骨組の構成と部材　次の文章の（　）内に，適切な語句を記入しなさい。

(1) ラーメン構造は，柱と梁の接合部である（　①　）を堅固につくり，外力に骨組全体で抵抗する。（　②　）構造は，柱と梁の接合部はラーメン構造ほど堅固ではないが，柱と梁などの横架材で囲まれた四角形の対角線上に，斜めに部材を入れることにより外力に抵抗する。

(2) 単一材は，（　③　）で生産された形鋼や鋼管など既製のものを用いるので，大きさには限度がある。形鋼や鋼板を組み立てて部材としたものを（　④　）といい，部材を任意の断面や形状にすることができる。

解　答　欄			
①	②	③	④

3 ラーメン構造の骨組　次の図の①～⑦の部材名称を解答欄に記入しなさい。

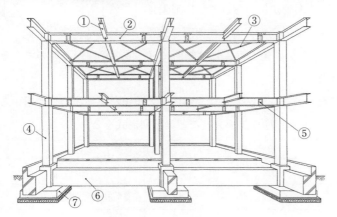

解　答　欄	
①	
②	
③	
④	
⑤	
⑥	
⑦	

4　ブレース構造の骨組　次の図の①〜⑧の部材名称を語群より選んで解答欄に記入しなさい。

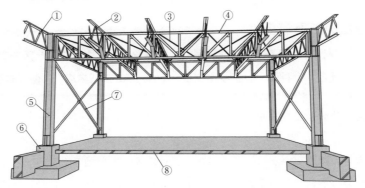

【語群】　ブレース　　柱　　独立基礎　　土間コンクリート
　　　　　軒桁　　主トラス梁　　水平ブレース　　つなぎ梁

解　答　欄			
①	②	③	④
⑤	⑥	⑦	⑧

5　座屈　下記の記述の関連するものを線で結びなさい。

〔座屈の種類〕　　　　　〔座屈の現象〕　　　　　　　　　　　　〔生じやすい部位〕

A　曲げ座屈　・　　・a　部材の一部が急激に変形する現象　　　・　・ア　柱

B　横座屈　・　　・b　部材全体が急激に湾曲し変形する現象　・　・イ　梁

C　局部座屈　・　　・c　部材全体が横にたわみながらねじれて　・　・ウ　部材全体
　　　　　　　　　　　　　湾曲する現象

6　柱　次の文章の（　）内に，適切な語句を記入しなさい。

(1)　ラーメン構造の建築物が鉛直荷重を受けると，柱には（　①　）
　　が生じるとともに，曲げモーメントや（　②　）も生じる。地震力
　　や風圧力を受けると，図のような大きな（　③　）が生じる。

(2)　単一柱にはH形鋼，（　④　）や鋼管が用いられる。H形鋼は
　　断面に強い方向と弱い方向があるので，弱い方向は柱間隔を狭く
　　したり，（　⑤　）を入れることが多い。鋼管や④には断面に（　⑥　）性がないので，どの
　　ような方向へ配置しても問題はない。

(3)　厚い鋼板を溶接して組み立てたものを（　⑦　）柱といい，大規模な建築物の柱に用いられ
　　る。鋼材量を少なくするには，（　⑧　）柱やラチス柱など梁と同形式をとる。

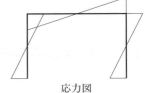

応力図

解　答　欄			
①	②	③	④
⑤	⑥	⑦	⑧

7 柱の接合部 次の記述で，正しいものには○，誤っているものには×を〔　〕内に記入しなさい。

〔　〕(1) 角形鋼管の柱の継手は，施工が簡単なボルト接合にするとよい。

〔　〕(2) 柱と梁の仕口を工場製作するときには，溶接とする。

〔　〕(3) 柱の継手の位置は，施工のしやすさから，ふつう床の高さの位置とする。

〔　〕(4) 溶接で柱の継手を接合するときは，完全溶込溶接とする。

〔　〕(5) ラーメン構造の柱と梁の仕口は，力が集中するので補強しておく。

〔　〕(6) 柱の継手は，ふつう5〜6階おきに1か所設ける。

8 鋼管柱とH形鋼梁の仕口 次の図の仕口形式名を解答欄に記入しなさい。

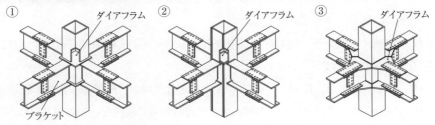

解　答　欄		
① 　　　　　　　　　　　　形式	② 　　　　　　　　　　形式	③ 　　　　　　　　　　形式

9 梁 次の文章の（　）内に，適切な語句を記入しなさい。

(1) ラーメン構造の梁には（　①　）と（　②　）の力が生じる。形鋼梁では，これらの力に有利な（　③　）形鋼が多く用いられる。

(2) 組立梁には，鋼板を組み合わせてつくる（　④　）梁，形鋼や鋼板で三角形を連続させたトラス梁，トラス梁と同形状だが軽微で小スパンな箇所に用いられる（　⑤　）梁がある。

(3) 形鋼梁やプレート梁のせいは，ふつう，スパンの1/（　⑥　）程度以上とする。このときのたわみは，両端が支持されている梁では，スパンの1/（　⑦　）以下になるようにする。

解　答　欄			
①	②	③	④
⑤	⑥	⑦	

■豆知識■

超高層建築物はラーメン構造？ 鋼構造というと，ラーメン構造やブレース構造が思い浮かぶが，超高層建築物は純粋なラーメン構造は少ない。ラーメン構造は，柱が多い建築物になってしまう。そこで，建築物の外周部に柱や梁を密に配置して筒（チューブ）を構成するチューブ構造や，鋼材を組み立てて巨大な柱や梁でおもな骨組を構成するメガストラクチャーなど各種の構法がとられている。これらの構法にすると，柱の少ない内部空間を得ることができる。

10　梁の構成　右図の梁についての A～C の部分の名称を（　　　）の中に記入し，それぞれどのような力学的な役割をしているか，正しい記述と線で結びなさい。

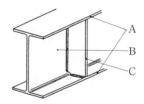

A （　　　　）・　　　　・a　座屈を防ぐ

B （　　　　）・　　　　・b　曲げモーメントを負担する

C （　　　　）・　　　　・c　せん断力を負担する

11　梁の継手　次の記述で，正しいものには○，誤っているものには×を〔　　〕内に記入しなさい。

〔　　〕(1)　柱と梁の一部を工場で接合したものを運搬し，それを工事現場で組み立てるため，梁には継手が多く用いられる。

〔　　〕(2)　形鋼梁やプレート梁の継手は，ガセットプレートを用いて高力ボルトで接合する。

〔　　〕(3)　継手の位置は，スパンの中央にする。

〔　　〕(4)　SCSS-H97 は，H 形鋼の継手における高力ボルトの配置や添え板の標準を示す。

〔　　〕(5)　SCSS-H97 に従えば，接合部の強さは母材の有効断面と同等の強さをもつことになる。

12　デッキプレートによる床　次の文章の（　　）内に，適切な語句を記入しなさい。

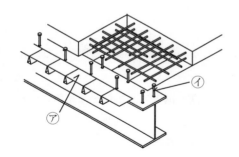

㋐の部材名称を（　①　），㋑の部材名称を（　②　）という。㋐はコンクリートを打ち込むときに作業床になるとともに（　③　）にもなり，コンクリートが硬化したあとも取り外さない。㋑はスラブと（　④　）がずれるのを防ぐために設ける。

解　答　欄	
①	②
③	④

13　耐火被覆　次の記述で，正しいものには○，誤っているものには×を〔　　〕内に記入しなさい。

〔　　〕(1)　部材に鉱物質繊維を吹き付ける方法は，複雑な形状に対応できるが工期が長くなる。

〔　　〕(2)　ケイ酸カルシウム板や ALC パネルを張り付ける方法は，耐火被覆を仕上げと兼ねることができる。

〔　　〕(3)　部材に鉄網を取り付け，それにモルタルを塗る方法は，複雑な形状に対応でき工期も短くてすむ。

〔　　〕(4)　耐火性能の高い材料で床や壁をつくった建築物では，鋼材が露出した部分だけ耐火被覆を施す方法をとることができる。

〔　　〕(5)　耐火塗料は，火災による高温で発泡し，耐火性能を発揮する。

6 仕上げ

―ここで学びたいことがら―
金属板葺　　屋根用折板葺　　陸屋根の防水　　サイディングボード張り
ALC パネル張り　　カーテンウォール　　断熱　　開口部

1 屋根仕上げ 次の記述で，正しいものには○，誤っているものには×を〔　　〕内に記入しなさい。

〔　　〕(1) 陸屋根の仕上げは，アスファルト防水やシート防水を施す。

〔　　〕(2) 屋根を曲面にするときには，金属板を用いることが多い。

〔　　〕(3) 屋根用折板は陸屋根の仕上げにも適している。

〔　　〕(4) 金属板葺では葺下地に木毛セメント板を用い，防水性能を高める。

〔　　〕(5) タイトフレームは，屋根用折板の取付けに必要な金具である。

2 外壁仕上げ 次の文章の（　　）内に，適切な語句を記入しなさい。

(1) 金属板やサイディングボードのような板状の仕上材料は，柱や間柱に鋼製の（　①　）を取り付け，それにビスや取付け金物で固定する。

(2) ALC パネルは，骨組が変形したとき，パネルの取付け部がわずかに回転してパネルの破損を防ぐ（　②　）構法が多くとられる。

(3) カーテンウォールはおもな構成材料により分類されるが，金属のものを（　③　）カーテンウォールといい，方立方式はこれが多い。方立方式は（　④　）方式ともいい，骨組に方立を取り付け，方立と（　⑤　）で囲まれた部分に，サッシやガラス・パネルをはめ込む。パネル方式は，コンクリートや金属でつくったパネルを骨組に取り付けるが，コンクリート製では工場生産された（　⑥　）パネルが多い。

解　答　欄			
①	②	③	④
⑤	⑥		

3 断熱 次の記述で，正しいものには○，誤っているものには×を〔　　〕内に記入しなさい。

〔　　〕(1) 金属系の屋根材は表面温度が上がりやすく，熱を伝えやすいため，じゅうぶんな断熱を施す。

〔　　〕(2) 屋根用折板では，折板を二重にして間に断熱材を挟み込んだ方法がある。

〔　　〕(3) 鋼材は熱伝導率が高いため，外周壁には熱橋ができるように断熱材を配置する。

〔　　〕(4) 外張断熱は，充填断熱に比べて，断熱効果が高く工事が容易である。

7 軽量鋼構造と鋼管構造

─ここで学びたいことがら─

| 軽量鋼構造 | 軽量形鋼 | プレファブ構法 | 鋼管構造 | 鋼管 | 立体トラス |

1 軽量鋼構造 次の記述で，正しいものには○，誤っているものには×を〔　〕内に記入しなさい。

〔　　〕(1) 主要な骨組に軽量形鋼を用いた5階建て以下の鋼構造を軽量鋼構造という。

〔　　〕(2) 軽量形鋼は軽くて強く，運搬・組立も容易で材料・工費が節約できる。

〔　　〕(3) 骨組が軽くなるので，基礎は比較的軽微な形式でよい。

〔　　〕(4) 軽量形鋼は板厚が薄いので，溶接は簡単で，現場で溶接されることが多い。

〔　　〕(5) 普通形鋼に比べて，部材にねじれや局部座屈が生じやすく，応力の集中する箇所は弱点になりやすい。

〔　　〕(6) 骨組の部材には，角形鋼管やリップ溝形鋼などの単一材，軽量形鋼を組み合わせた組立材が用いられる。

2 鋼管構造 次の円形中空断面の鋼管を用いた鋼構造の特徴についての記述で，正しいものには○，誤っているものには×を〔　〕内に記入しなさい。

〔　　〕(1) 鋼管は，軸方向に圧縮力を受けたとき座屈しにくく，断面に方向性がない。

〔　　〕(2) 主要構造部には，一般構造用炭素鋼鋼管や建築構造用炭素鋼鋼管を用いるが，配管用鋼管も使用される。

〔　　〕(3) 大空間を必要とする建築物では立体トラスが用いられるが，この骨組の部材として鋼管は適している。

〔　　〕(4) 鋼管部材は，鋼管内部にさびが発生するのを防ぐため，両端を開放した構造にして通気をよくする。

〔　　〕(5) 鋼管の接合は，溶接または高力ボルト接合とし，立体トラスでは接合金物を用いる。

■豆知識■

形鋼　古はがきを利用して下の形をつくり，つぶれにくさ，つぶれ方を調べてみよう。

① 同じ形で同じ重さのもの（乾電池など）が何個のせられるか。

② 何個のせたらどのように曲がったか。

その結果が形鋼をつくる理由である。

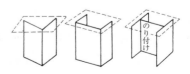

章 末 問 題

1 鋼材の性質に関する次の記述で，誤っているものを一つ選び，その番号に×をつけなさい。

(1) 鋼を熱間圧延して製造するときに生じる黒さびは，鋼の内部に浸食するので，すべて取り除かなければならない。

(2) 軽量形鋼は，鋼板を冷間加工して製造する。

(3) 鋼は高温になると膨張し，低温になると収縮する。

(4) 足場用鋼管は，骨組の部材に用いてはいけない。

2 溶接に関する次の記述で，誤っているものを一つ選び，その番号に×をつけなさい。

(1) 鋼材の炭素含有量が多くなると，溶接性は低下する。

(2) SS材は，溶接用に開発された鋼材である。

(3) 溶接時の熱により，鋼材の内部に力が生じることがあるので，施工は注意すべきである。

(4) 溶接の始端・終端には欠陥が生じやすいので，エンドタブを設けて防ぐとよい。

3 鋼構造と関係のない用語を一つ選び，その番号に×をつけなさい。

(1) インパクトレンチ　　　　　　　　(2) トルシア形高力ボルト

(3) ゲージライン　　　　　　　　　　(4) 山形プレート

4 鋼構造に使用する部材名称とその使用目的の組合せで，誤っているものを一つ選び，その番号に×をつけなさい。

(1) 添え板 ——— 継手を高力ボルト接合するときに使用する鋼板。

(2) 高力ボルト ——— 強い圧縮力で締め付け，部材間に生ずる摩擦力により接合するもの。

(3) ガセットプレート ——— トラス部材の接合などのために使用する鋼板。

(4) ラチス ——— プレート梁のウェブの座屈を防ぐために用いる鋼材。

5 鋼構造の特徴を鉄筋コンクリート構造と比較した次の記述で，誤っているものを一つ選び，その番号に×をつけなさい。

(1) 構造材料が粘り強い。

(2) 構造材料が腐食しやすい。

(3) 構造材料が熱の影響を受けやすい。

(4) 同じ容積の建築物では，建築物の自重が重くなる。

6 高力ボルト摩擦接合とボルト接合を比較した次の記述で，誤っているものを一つ選び，その番号に×をつけなさい。

(1) 高力ボルトの引張強さは，ボルトの2倍以上ある。

(2) 高力ボルト摩擦接合は接合される部材間に生じる摩擦力で応力を伝達するが，ボルト接合はボルトのせん断に耐える力で応力を伝達する。

(3) ボルト接合ではナットを2重にするなど戻り止めをするが，高力ボルト接合では戻り止めは必要ない。

(4) ゲージラインの取り方・ピッチ・孔径は，高力ボルト接合とボルト接合は同じである。

7 梁に関する次の記述で，誤っているものを一つ選び，その番号に×をつけなさい。

(1) 両端が支持されている一般の梁のたわみは，スパンの$\frac{1}{300}$以下になるようにする。

(2) 形鋼梁やプレート梁のフランジはせん断力に抵抗し，ウェブは曲げモーメントに抵抗する。

(3) スチフナーは，ウェブの座屈を防止するために設ける。

(4) 梁せいを幅のわりに大きくすると，横座屈が生じやすくなる。

8 骨組に関する次の記述で，誤っているものを一つ選び，その番号に×をつけなさい。

(1) 梁と柱の仕口は，力が集中しやすいので，剛強になるように設計する。

(2) 露出形式の柱脚は，アンカーボルトの強さが柱脚の強さに影響を与える。

(3) 鉄筋コンクリート製の耐震壁は，鋼製骨組に比べて剛性が低い。

(4) 鋼製梁と鉄筋コンクリートのスラブを一体化するためには，頭付きスタッドを用いる。

9 耐震・耐風計画に関する次の記述で，誤っているものを一つ選び，その番号に×をつけなさい。

(1) 制震ダンパーは，建築物に組み込み，地震や強風のエネルギーを吸収する装置である。

(2) 建築物の上部におもりを配置し，地震や風による揺れに対して，おもりを同じ方向に揺らしてエネルギーを吸収するマスダンパーがある。

(3) 耐震診断により，現行の基準に適合しない場合には耐震補強をする。

(4) 耐震補強には，制震ブレースを既存の壁や開口部を改修して設置する方法がある。

10 軽量鋼構造に関する次の記述で，誤っているものを一つ選び，その番号に×をつけなさい。

(1) 厚さ6mm以下の薄板部材を構造材とした，3階建以下の鋼構造を軽量鋼構造という。

(2) 主要な構造部の接合は，ボルト接合とし，溶接は用いない。

(3) 板厚が薄くさびの影響を受けやすいので，部材を塗装や亜鉛めっきなどで保護する必要がある。

(4) 局部座屈やねじれが生じやすいので，大きな応力が生じる箇所は補強しておく。

第5章 合成構造

─ここで学びたいことがら─

合成部材　合成梁　合成床　合成柱　合成構造　混合構造

鉄骨鉄筋コンクリート構造　コンクリート充填鋼管構造

1　構造のあらまし　次の文章の（　　）内に，適切な語句を記入しなさい。

(1) 合成構造は，鋼材や鉄筋を（　①　）力，コンクリートを（　②　）力が生じるところに配置し，材料を効率よく使用する構造である。

(2) 合成柱には，鋼製部材をコンクリートで包む構法と，鋼製部材の内部にコンクリートを打ち込む構法があり，前者は（　③　）構造，後者は（　④　）構造の柱に用いられる。

(3) デッキプレートにコンクリートを打ち込んだ合成床では，荷重により生じる（　⑤　）力をデッキプレートが負担する。

(4) 混合構造は少ない建築（　⑥　）でも建築物に耐力をもたせるようにくふうした構造である。

(5) 高層建築物において高さ方向で構造を混合するときには，高層階を（　⑦　）構造にすると建築物の軽量化につながる。

(6) 鉄筋コンクリート構造と鋼構造で平面の混合をするときには，地震力は（　⑧　）構造に負担させるほうが合理的である。

解　答　欄			
①	②	③	④
⑤	⑥	⑦	⑧

2　鉄骨鉄筋コンクリート構造の特徴　次の記述で，正しいものには○，誤っているものには×を〔　　〕内に記入しなさい。

〔　　〕(1) 鋼製の柱や梁のまわりに鉄筋を配置して，コンクリートで固めた構造を鉄骨鉄筋コンクリート構造という。

〔　　〕(2) 粘り強く耐震性のある鉄筋コンクリート構造と，耐火性や耐久性にすぐれた鋼構造の特徴を合わせもっている。

〔　　〕(3) 高層や大規模な建築物の躯体に適した構造である。

〔　　〕(4) 柱や梁の断面が大きくなるため，内部の有効空間は狭くなる。

〔　　〕(5) 2種類の構造の合成ため構造が複雑になり，工期が長くなる。

〔　　〕(6) 地震や暴風のときの躯体の変形は，鋼構造の建築物より小さくなる。

〔　　〕(7) 鉄筋は主筋のほか，帯筋やあばら筋を配置する。

〔　　〕(8) 柱や梁の鋼製部材は，鋼構造と同じ断面形状のものを用いる。

3　鉄骨鉄筋コンクリート構造の材料　次の文章の（　　）内に，適切な語句を記入しなさい。

(1)　構造用鋼材は鋼構造と同じものを用いるが，（　①　）形鋼は使用しない。

(2)　コンクリートは（　②　）コンクリートおよび軽量コンクリートの1種，2種を用いる。

(3)　梁には鋼製の梁のほか，主筋としてD（　③　）以上，帯筋やあばら筋としてD（　④　）
以上の鉄筋を配置し，コンクリートで固める。

解　答　欄			
①	②	③	④

4　鉄骨鉄筋コンクリート構造の躯体　次は柱の鋼製部材の断面である。建築物中央部に
配置する柱の例にならい，外周側部と外周隅部の鋼製部材の断面を(1)，(2)の欄に描きなさい。

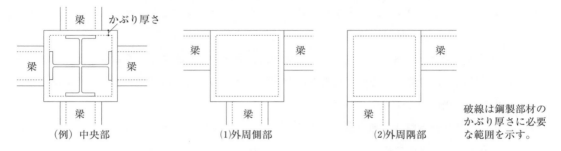

(例) 中央部　　　　　　(1)外周側部　　　　　　(2)外周隅部

破線は鋼製部材のかぶり厚さに必要な範囲を示す。

5　コンクリート充填鋼管構造の特徴　次の記述で，正しいものには○，誤っているものには×を〔　　〕内に記入しなさい。

〔　　〕(1)　コンクリート充填鋼管には，鋼管や角形鋼管を用いる。

〔　　〕(2)　コンクリートは強い圧縮力を受けると，力の向きと直角方向に膨らんで壊れるが，
これを周囲の鉄筋が防ぐことで粘り強い構造になる。

〔　　〕(3)　コンクリートを充填することにより鋼管の局部座屈を防ぎ，柱の急激な破壊を防ぐ。

〔　　〕(4)　鋼管に充填されたコンクリートは，圧縮への抵抗力が増加する。

〔　　〕(5)　柱の表面に鋼材が露出するため，鋼構造と同程度の耐火被覆が必要になる。

6　コンクリート充填鋼管構造の躯体　次の文章の（　　）内に，適切な語句を記入しなさい。

(1)　柱には鋼管や角形鋼管を用い，梁は（　①　）形断面の鋼材を用いる。スラブは鉄筋コンク
リート，梁とスラブは（　②　）を用いて一体化させ合成梁にすることが多い。

(2)　鋼製部材の柱と梁の接合部に（　③　）を設けるときは，連続したコンクリートにできるよ
うに孔を設けるなどしておく。

(3)　柱鋼管の継手の接合は（　④　）により，梁の継手の接合は（　⑤　）によることが多い。

解　答　欄				
①	②	③	④	⑤

章 末 問 題

1 合成構造に関する次の記述で，誤っているものを一つ選び，その番号に×印をつけなさい。
 (1) 合成構造は，第二次世界大戦後，欧米よりわが国に移入された構法である。
 (2) 鉄骨鉄筋コンクリート構造は耐震性が高いことから，わが国で独自の発達をとげ定着した。
 (3) コンクリート充填鋼管構造は，柱にコンクリート充填鋼管を用いるが，梁は鋼構造と同じ形式が多い。
 (4) 合成構造躯体は，おもに鉄筋コンクリート構造や鋼構造を組み合わせたもので構成する。

2 混合構造に関する次の記述で，誤っているものを一つ選び，その番号に×印をつけなさい。
 (1) 部材の混合は，柱や梁などの部材により構造の種類を変えたものをいう。
 (2) 構造システムの混合は，平面の混合や高さ方向の混合がある。
 (3) 混合構造は，高層かつ大空間を必要とするなど多様な内部空間を求める建築物に用いられる。
 (4) 使用材料の種類が多く構造が複雑なため，建築物の自重が大きくなり工期が長くなる。

3 合成部材に関する次の記述で，誤っているものを一つ選び，その番号に×印をつけなさい。
 (1) 合成部材では，鋼材はおもに引張力，コンクリートは圧縮力に抵抗できるところに合理的に配置する。
 (2) 合成梁や合成床は，おもに鉄筋コンクリート構造に用いる。
 (3) 鋼製梁と鉄筋コンクリートのスラブを頭付きスタッドで一体化させ，合成梁にする。
 (4) 合成床では，デッキプレートがスラブに生じる引張力を負担する。

4 鉄骨鉄筋コンクリート構造に関する次の記述で，誤っているものを一つ選び，その番号に×印をつけなさい。
 (1) コンクリートが鋼材の耐火被覆になるため，耐火被覆は設けなくてよい。
 (2) 外力を受けたとき，躯体の変形が小さいため居住性がよい。
 (3) 構造が複雑なため，工期が長く，建築費が高くなりやすい。
 (4) 工事が複雑にならないように，鋼材と鉄筋の継手は同一箇所に集中させる。

5 コンクリート充填鋼管構造に関する次の記述で，誤っているものを一つ選び，その番号に×印をつけなさい。
 (1) 充填したコンクリートに少しでも隙間があると，構造的な弱点になる。
 (2) 使用する鋼管の最小厚さの制限は，角形鋼管と鋼管で異なる。
 (3) 柱の型枠は，コンクリートの打ち込み時の圧力に耐えられることを構造計算して確認する。
 (4) 柱脚や基礎は，鋼管柱を用いた鋼構造と同様な形式をとる。

[[(工業 714)建築構造]準拠
建築構造演習ノート

表紙デザイン
キトミズデザイン

● 編　者——実教出版編修部
● 発行者——小田良次
● 印刷所——大日本法令印刷株式会社

● 発行所—実教出版株式会社

〒102-8377
東京都千代田区五番町 5
電　話〈営業〉(03) 3238-7777
　　　〈編修〉(03) 3238-7854
　　　〈総務〉(03) 3238-7700
https://www.jikkyo.co.jp/

002402022

ISBN 978－4－407－36079－0

建築構造演習ノート

解答編　実教出版株式会社

第1章　建築構造のあらまし (p3)

1 ①木材　②中国　③産業　④鋼　⑤19　⑥明治　⑦アメリカ　⑧温室効果　⑨エネルギー　⑩再資源

2 (1)A　木　B　木材
(2)A　鉄筋コンクリート　B　コンクリートと鉄筋　(3)A　鋼　B　鋼材

3 ①固定　②積載　③積雪　④鉛直荷重　⑤地震力　⑥風圧力　⑦水平力　⑧長期　⑨短期　⑩引張力　⑪圧縮力　⑫曲げモーメント　⑬せん断力

4 (1)日本産業規格　(2)構造計算規準
(3)建築基準法　(4)ISO　(5)建築工事標準仕様書

第2章　木構造

1 構造の特徴と構造形式 (p5)

1 (1)○　(2)○　(3)×　(4)×　(5)○　(6)○

2 名称　(1)C　(2)D　(3)A　(4)E　(5)B
特徴　(1)2　(2)5　(3)4　(4)3　(5)1

2 木材 (p6)

1 (1)○　(2)×　(3)○　(4)○　(5)×

2 名称　①辺材　②心材　③髄　④年輪　⑤樹皮
説明　①イ　②ウ　③オ　④ア　⑤エ

3 ①木表　②木裏　③木端　④木口

4 ①気乾　②15　③30　④低　⑤2　⑥基準　⑦接線　⑧繊維　⑨30　⑩木表

5 (1)○　(2)×　(3)×　(4)○

6 ①合板　②集成材　③パーティクルボード　④繊維板　⑤単板積層材

3 木材の接合 (p8)

1 分類　(1)B　(2)A　(3)A　(4)B　(5)A　(6)B
名称　(1)f　(2)b　(3)c　(4)d　(5)e　(6)a

2 (1)g　(2)c　(3)b　(4)f　(5)e　(6)a

4 基礎 (p9)

1 (1)○　(2)○　(3)×　(4)○　(5)×

2 ①摩擦力　②地震動　③④砂，水(順不同)　⑤傾斜

3 ①不同沈下　②30　③凍結　④割石　⑤捨コンクリート　⑥墨だし

4 (1)○　(2)×　(3)×　(4)○　(5)○

5 ①換気口　②束石　③アンカーボルト　④フーチング　⑤捨コンクリート　⑥割石　⑦鉄筋　A独立基礎　B布基礎

5 軸組 (p11)

1 ①棟　②平　③妻　④梁間　⑤桁行　⑥柱　⑦梁　⑧筋かい　⑨併用壁　⑩大壁

2 ①妻梁　②火打梁　③小屋梁　④軒桁　⑤貫　⑥側土台　⑦柱　⑧火打土台　⑨筋かい　⑩間柱

3 ①ヒノキ　②防腐剤　③アンカーボルト　④10.5　⑤180　⑥背割り　⑦面取り　⑧ホールダウン金物

4 (1)×　(2)○　(3)×　(4)○　(5)○　(6)○

5 ①軒桁　②妻梁　③小屋梁　④$\frac{1}{10}$　⑤スパン　⑥添え桁　⑦火打梁　⑧火打金物　⑦⑧は順不同

6 (1)○　(2)×　(3)○　(4)○　(5)○　(6)○　(7)○

7

1)

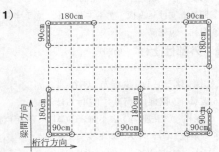

2) (ア)540　(イ)2　(ウ)1 080　(エ)720　(オ)2　(カ)1 440

3) (キ)28.35　(ク)15　(ケ)425.25

4) (コ)>　(サ)OK　(シ)>　(ス)OK

5) (セ)17.75　(ソ)50　(タ)500　(チ)17.75　(ツ)50　(テ)887.5

6) (ト)>　(ナ)OK　(ニ)>　(ヌ)OK

7) (ネ)適切

6 小屋組 (p15)

1 (1)○　(2)×　(3)×　(4)○　(5)×　(6)○　(7)○

2 (1)寄棟　(2)切妻　(3)片流れ　(4)方形　(5)入母屋　(6)陸

3

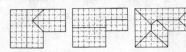

1

4 A欄　①棟木　②敷梁　③桁行筋かい　④母屋
⑤垂木　⑥軒桁　⑦小屋梁　⑧火打梁
⑨妻梁　⑩小屋束　B欄　①キ　②ケ　③オ
④エ　⑤イ　⑥ア　⑦ウ　⑧ク　⑨カ　⑩コ
5 (1)× 45 (2)○ (3)○ (4)× 90 (5)○

7 床組 (p17)

1 ①コンクリート　②衝撃　③長手　④短手
⑤大引　⑥端　⑦床束　⑧根がらみ　⑨45
⑩白蟻
2 (1)○ (2)× 9 (3)× 30 (4)○ (5)× 90
(6)○
3 ①火打土台　②きわ根太　③床束　④大引
⑤根がらみ貫　⑥土台　⑦火打梁　⑧床梁
⑨根太
4 束を立てる床組　　束を立てない床組

8 階段 (p19)

1 (1)× (2)○ (3)× (4)○ (5)○ (6)○
2 ①踊り場　②け上げ　③踏面　④踏板
⑤側桁　⑥け込み板　⑦手すり笠木　⑧手すり子
⑨親柱　⑩階高

9 外部仕上げ (p20)

1 (1)○ (2)× (3)× (4)○ (5)○
2 ①棟　②ひさし　③軒先　④谷
⑤破風　⑥隅棟（隅降り）　⑦けらば
3 ①瓦桟　②瓦座　③広小舞　④鼻隠　⑤面戸板
⑥野地板　⑦アスファルトルーフィング
4 (1)× (2)× (3)○ (4)× (5)○
5 ①軽　②にく　③ガラス繊維　④圧縮
⑤軒先水切　⑥けらば水切　⑦棟包み板
6 ①防火　②ろくびさし　③腕木ひさし
④金属板　⑤軒どい　⑥$\frac{1}{200}$　⑦とい受
7 ①透湿防水シート　②アスファルトフェルト
③縦胴縁　④下地板　⑤メタルラス（ラス）
8 ①横　②役物　③防腐剤　④下見板　⑤羽目板
⑥ひび割れ　⑦1
9 (1)○ (2)○ (3)× (4)○ (5)×
10 名称　(1)両開き　(2)片開き　(3)引違い
(4)片引き　(5)折りたたみ
丁番の○印　(1) (2) (5)
11 ①窓まぐさ　②窓台　③外付け　④戸袋
⑤水切板　⑥シーリング　⑦気密性
⑧アルミニウム合金　⑨異種金属　⑩雨戸
12 (1)(ウ) (2)(イ) (3)(エ) (4)(オ) (5)(ア)

10 内部仕上げ (p24)

1 ①②クロルピリホス，ホルムアルデヒド（順不同）③24 ④換気　⑤小壁　⑥腰壁　⑦不燃
2 ①縁甲板　②フローリングボード　③土間コンクリート　④テラゾー　⑤6　⑥モザイク
3 ①なげし　②小壁　③つけかもい　④天井回り縁（回り縁）　⑤畳寄せ　⑥額縁　⑦幅木
4 (1)○ (2)× (3)○ (4)○ (5)× (6)○ (7)× (8)○
5 (1)○ (2)○ (3)× (4)× (5)×
6 ①吊木　②吊木受　③野縁受　④野縁
⑤板野縁
7 ①平行　②長手　③目透し張り天井　④格天井
⑤(2) ⑥(3)
8 (1)○ (2)× (3)× (4)○ (5)×
9 ①一筋かもい　②一筋敷居　③かもい
④皿敷居　⑤額縁　⑥雨押え（水切板）　⑦額縁
⑧上枠　⑨くつずり（下枠）　⑩まぐさ
⑪立て枠　A水返し　B水たれ勾配
10 ①落し掛け　②床柱　③床がまち

11 木造枠組壁構法 (p28)

1 (1)○ (2)× (3)○ (4)× (5)× (6)○ (7)○
2 ①垂木　②まぐさ　③窓台　④頭つなぎ
⑤上枠　⑥立て枠　⑦床根太　⑧下枠　⑨端根太
⑩土台　A　帯金物　B　あおり止め金物
C　根太受け金物
3 ①木口打ち　②斜め打ち　③平打ち
ア b　イ c　ウ a　エ d
4 ①日本農林規格（JAS）②204 ③曲げ
④合板
5 ①屋根梁　②束立て　③トラス　④垂木

章末問題 (p30)

1 (3)　**2** (1)　**3** (4)　**4** (1)
5 (3)　**6** (4)　**7** (3)　**8** (1)
9 (4)　**10** (2)　**11** (4)　**12** (1)
13 (2)　**14** (2)　**15** (2)

第3章　鉄筋コンクリート構造

1 構造の特徴と構造形式 (p33)

1 (1)○ (2)○ (3)× (4)× (5)○ (6)○ (7)×
(8)× (9)○
2 ①ラーメン　②壁式　③屋根スラブ　④柱
⑤大梁　⑥小梁　⑦床スラブ　⑧基礎　⑨壁
⑩基礎

2 鉄筋 (p34)

1 ①→③→⑥→⑦　　②→④→⑤→⑧
2 (1)B (2)A (3)A (4)B (5)A (6)B (7)B (8)A

3 ①異形鉄筋 ②降伏点 ③丸鋼 ④本数

3 コンクリート (p35)

1 ①②セメント，水（順不同） ③細骨材
④粗骨材 ⑤セメントペースト ⑥モルタル

2 (1)○ (2)× (3)○ (4)○ (5)× (6)○

3 (1)× (2)○ (3)× (4)○ (5)○

4 ①分離 ②ブリーディング ③レイタンス
④アルカリ骨材 ⑤中性化 ⑥14 ⑦28
⑧圧縮
⑨水セメント比 ⑩ワーカビリティー

5 ①トラックアジテーター
②フレッシュコンクリート ③生コンクリート
④コンクリートの種類 ⑤呼び強度
⑥スランプ ⑦粗骨材の最大寸法
⑧セメントの種類 ⑨48
⑩水セメント比 ⑪高性能AE減水剤

4 基礎 (p37)

1 名称 (1)独立基礎 (2)連続基礎 (3)べた基礎
特徴 (1)C (2)B (3)A

2 (1)○ (2)× (3)○ (4)○ (5)× (6)○ (7)×
(8)× (9)○

5 躯体 (p38)

1 ①柱 ②小梁 ③大梁 ④床スラブ ⑤壁

2 ①正方形 ②大き ③50 ④スラブ ⑤T
⑥10 ⑦2 ⑧曲げモーメント ⑨大き
⑩ハンチ

3 (1)× (2)○ (3)○ (4)× (5)× (6)○ (7)×
(8)○

4 ①付着 ②出隅 ③余長 ④高 ⑤短
⑥含まない ⑦小さ ⑧400

5 ①あき ②a ③コンクリート ④最大 ⑤25
⑥c ⑦鉄筋 ⑧付着 ⑨4 ⑩3

6 ①主筋 ②あばら筋（スターラップ） ③腹筋
④幅止め筋 ⑤主筋 ⑥帯筋（フープ）
⑦副帯筋

7 ①15 ②片持 ③上側（上端） ④12 ⑤12

6 仕上げ (p41)

1 ①笠木 ②成形伸縮目地材 ③押えコンクリート ④断熱材 ⑤アスファルトルーフィング

2 (1)C (2)A (3)D (4)B

3 (1)× (2)○ (3)○ (4)○ (5)×

4 ①スタッド ②振れ止め ③ランナー
④吊りボルト ⑤ハンガー ⑥野縁受
⑦シングル野縁

5 ①シート ②塗膜 ③外 ④打放し ⑤芋
⑥シーリング ⑦大引 ⑧乾式
⑨コーナービード ⑩段鼻

7 壁式構造　8 プレストレストコンクリート構造 (p43)

1 (1)○ (2)× (3)× (4)○ (5)○

2 ②

3 ①鉄筋コンクリート ②5 ③20 ④高力
⑤モルタル

4 (1)○ (2)× (3)○ (4)× (5)○ (6)○ (7)×

5 (1)× (2)○ (3)○ (4)× (5)○

6 ①圧縮 ②プレテンション ③グラウト
④ポストテンション ⑤ひび割れ

章末問題 (p45)

1 (2)　**2** (3)　**3** (1)　**4** (2)
5 (3)　**6** (2)　**7** (4)　**8** (1)
9 (2)　**10** (4)

第4章　鋼構造

1 構造の特徴と構造形式 (p47)

1 (1)○ (2)× (3)○ (4)○ (5)× (6)○ (7)×

2 (1)B (2)A (3)A (4)B (5)A

2 鋼と鋼材 (p48)

1 (1)○ (2)× (3)× (4)○ (5)○

2 ①比例限度 ②弾性限度 ③上降伏点
④下降伏点 ⑤最大荷重点 ⑥破断点

3 (1)①8 ②5 ③90 ④175
(2)①2.3 ②20 ③100 ④50

4 (1)SN (2)SS (3)SM (4)SSC (5)STKR

3 鋼材の接合 (p49)

1 (1)× (2)○ (3)○ (4)○ (5)× (6)○ (7)×
(8)○

2 ①2 ②引張 ③圧縮 ④摩擦 ⑤座金
⑥引張 ⑦ピンテール ⑧S10T

3 (1)○ (2)○ (3)× (4)× (5)○

4 (1)○ (2)○ (3)○ (4)× (5)○

5 ①母材 ②アーク ③心線 ④溶接

6 ①突合せ継手 ②重ね継手 ③T継手
④角継手

7 ①Ⅰ形グループ ②レ形グループ
③K形グループ

8 ①エンドタブ ②裏当て金 ③裏はつり
④開先角度 ⑤開先深さ ⑥ルート間隔
⑦隅肉 ⑧サイズ（脚長） ⑨のど厚
⑩部分溶込 ⑪引張力 ⑫曲げ

9 ①レ ②45° ③ルート間隔
④隅肉 ⑤サイズ（脚長）

4 **基礎と柱脚** (p52)

1 (1)○ (2)× (3)× (4)○ (5)○

2 ①2 ②1 ③2.5 ④主筋
⑤ベースプレート ⑥ナット ⑦定着

3 ①ベースプレート ②ベースモルタル
③アンカーボルト ④柱 ⑤二重ナット ⑥基礎

5 **骨組** (p53)

1 (1)○ (2)× (3)○ (4)○ (5)○

2 ①節点 ②ブレース ③工場 ④組立材

3 ①小梁 ②大梁 ③水平ブレース（水平筋か
い）④柱
⑤添え板（スプライスプレート）
⑥基礎梁 ⑦独立基礎（基礎）

4 ①軒桁 ②つなぎ梁 ③水平ブレース
④主トラス梁 ⑤柱 ⑥独立基礎
⑦ブレース ⑧土間コンクリート

5 A—b—ア B—c—イ C—a—ウ

6 ①軸方向力（圧縮力）②せん断力
③曲げモーメント ④角形
⑤ブレース（筋かい）⑥方向 ⑦プレート
⑧トラス

7 (1)× (2)○ (3)× (4)○ (5)○ (6)×

8 ①通しダイアフラム ②内ダイアフラム
③外ダイアフラム

9 ①②曲げ（曲げモーメント），せん断（せん断
力）（順不同）③H ④プレート ⑤ラチス
⑥15 ⑦300

10 Aフランジ，b Bウェブ，c Cスチフナー，a

11 (1)○ (2)× (3)○ (4)○ (5)○

12 ①デッキプレート ②頭付きスタッド
③型枠 ④梁

13 (1)× (2)○ (3)× (4)○ (5)○

6 **仕上げ** (p57)

1 (1)○ (2)○ (3)× (4)× (5)○

2 ①胴縁 ②ロッキング ③メタル
④マリオン ⑤無目 ⑥プレキャストコンクリー
ト(PCa)

3 (1)○ (2)○ (3)× (4)×

7 **軽量鋼構造と鋼管構造** (p58)

1 (1)× (2)○ (3)○ (4)× (5)○ (6)○

2 (1)○ (2)× (3)○ (4)× (5)○

章末問題 (p59)

1 (1) **2** (2) **3** (4) **4** (4)
5 (4) **6** (4) **7** (2) **8** (3)
9 (2) **10** (2)

第5章 合成構造 (p61)

1 ①引張 ②圧縮 ③鉄骨鉄筋コンクリート
④コンクリート充填鋼管 ⑤引張 ⑥材料 ⑦鋼
⑧鉄筋コンクリート

2 (1)○ (2)× (3)○ (4)× (5)○ (6)○ (7)○
(8)×

3 ①軽量 ②普通 ③13 ④10

4

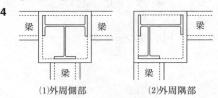

(1)外周側部　　(2)外周隅部

5 (1)○ (2)× (3)○ (4)○ (5)×

6 ①H ②頭付きスタッド ③ダイアフラム
④溶接 ⑤高力ボルト

章末問題 (p63)

1 (1) **2** (4) **3** (2) **4** (4) **5** (3)